D1674546

Auswirkungen des BilMoG auf die Handels- und Steuerbilanz von kleinen und mittleren Unternehmen

von

Jenny Richter

Prof. Dr. Jörg Kroschel, Steuerberater

Logos Verlag Berlin GmbH

Berlin 2010

Bibliografische Information der Deutschen Nationalbibliothek

Die Deutsche Nationalbibliothek verzeichnet diese Publikation in der
Deutschen Nationalbibliografie; detaillierte bibliografische Daten sind
im Internet über http://dnb.d-nb.de abrufbar.

ISBN 978-3-8325-2422-7

Logos Verlag Berlin GmbH
Comeniushof, Gubener Str. 47,
10243 Berlin
Tel.: +49 (0)30 42 85 10 90
Fax: +49 (0)30 42 85 10 92
INTERNET: http://www.logos-verlag.de

Inhaltsverzeichnis

Abkürzungsverzeichnis 4

1   Einleitung 7

2   Ziele des Bilanzrechtsmodernisierungsgesetzes (BilMoG) 9

3   Buchführungspflicht 11

4   Wechsel zur Einnahmen-Überschuss-Rechnung 15

5   Schwellenwerte zur Umschreibung der Größenklassen 19

    5.1   Einzelabschluss 19

    5.2   Konzernabschluss 21

6   Erstmalige Anwendung des BilMoG 23

7   Die Änderungen durch das BilMoG im Überblick 25

    7.1   Einzelabschluss 26

    7.1.1   Vorschriften für alle Kaufleute 26

    7.1.2   Ergänzende Vorschriften für Kapitalgesellschaften 31

    7.1.3   Angabe- und Erläuterungspflichten in Anhang und Lagebericht ... 34

    7.2   Konzernabschluss 35

    7.3   Corporate Governance und Abschlussprüfung 38

8   Auswirkungen ausgewählter Änderungen auf die Handels- und Steuerbilanz
    von kleinen und mittleren Unternehmen 39

    8.1   Maßgeblichkeitsprinzip 39

    8.2   Wirtschaftliche Zurechnung 42

    8.3   Verrechnung von Vermögensgegenständen und Schulden 43

    8.4   Immaterielle Vermögensgegenstände 45

    8.5   Geschäfts- oder Firmenwert 48

    8.6   Herstellungskosten 49

    8.7   Außerplanmäßige Abschreibung 52

    8.8   Rückstellungen 55

    8.9   Latente Steuern 58

    8.10   Abkehr von der Einheitsbilanz 62

9   Fallstudie zur praktischen Umsetzung des BilMoG 65

10 Fazit / Ausblick 73

Anhang: Gesetzesmaterialien 75

Literaturverzeichnis 87

Abkürzungsverzeichnis

a.F.	alte Fassung
AfA	Absetzung für Abnutzung
AK	Anschaffungskosten
AO	Abgabenordnung
BGA	Betriebs- und Geschäftsausstattung
BilMoG	Bilanzrechtsmodernisierungsgesetz
BMF	Bundesministerium der Finanzen
DStR	Deutsches Steuerrecht (Zeitschrift)
EGHGB	Einführungsgesetz zum Handelsgesetzbuch
EStG	Einkommensteuergesetz
EStR	Einkommensteuerrichtlinie
EStDV	Einkommensteuerdurchführungsverordnung
GoB	Grundsätze ordnungsgemäßer Buchführung
GuB	Grund und Boden
GuV	Gewinn- und Verlustrechnung
HB	Handelsbilanz
HGB	Handelsgesetzbuch
IAS	International Accounting Standards
IFRS	International Financial Reporting Standards
KapGes	Kapitalgesellschaft
kfm.	kaufmännisch
n.F.	neue Fassung
NWB	Neue Wirtschafts-Briefe (Zeitschrift)

PersGes	Personengesellschaft
RSt	Rückstellung
StB	Steuerbilanz
Stbg	Steuerberatung (Zeitschrift)
StWK	Steuer- und Wirtschaftskurzpost (Zeitschrift)
US-GAAP	United States Generally Accepted Accounting Principles

1 Einleitung

„Wenn Reformen dauerhaft sein sollen, so müssen sie langsam durchgeführt werden."

Niccolo Machiavelli

„To tax and to please, no more than to love and to be wise, is not given to men."

Edmund Burke

In der Begründung zum Regierungsentwurf des Bilanzrechtsreformgesetzes in der zweiten Hälfte des Jahres 2004 wurde bereits die Veröffentlichung eines Bilanzrechtsmodernisierungsgesetzes (BilMoG) und damit die wohl umfangreichste Reform des Handelsbilanzrechts seit dem Bilanzrichtliniengesetz 1985 angekündigt. Die Vorlage des Referentenentwurfs zum BilMoG erfolgte durch das Bundesministerium der Justiz erst am 8. November 2007. Am 21. Mai 2008 wurde der Regierungsentwurf zum BilMoG mit einigen wesentlichen Änderungen veröffentlicht und schließlich Ende September im Deutschen Bundestag beraten sowie an den Rechtsausschuss verwiesen, der dann Mitte Oktober tagte. Nach mehrfacher Verzögerung der Reform, insbesondere vor dem Hintergrund der Finanz- und Wirtschaftskrise, verabschiedete der Deutsche Bundestag das BilMoG schließlich am 26. März 2009. Der Bundesrat stimmte am 3. April 2009 zu. Demnach sind fast fünf Jahre bis zur endgültigen Verabschiedung des Gesetzes ins Land gegangen.

Zahlreiche handelsrechtliche Ansatz-, Ausweis- und Bewertungswahlrechte werden durch das BilMoG geändert bzw. gestrichen. Wesentlicher Inhalt der vorliegenden Untersuchung sind die Auswirkungen des BilMoG auf die Handels- und Steuerbilanz in kleinen und mittelständischen Unternehmen. Die Ausführungen beschränken sich dabei auf den Einzelabschluss. Auf Änderungen, die sich auf den Konzernabschluss beziehen, sowie auf Änderungen bezüglich der Anhangsangaben, des Lageberichts und der Abschlussprüfung wird nicht vertiefend eingegangen.

Kleine und mittelständische Unternehmen haben bislang mit wenigen Ausnahmen eine Einheitsbilanz (d.h. eine einheitliche Handels- und Steuerbilanz) aufgestellt. Dies wird künftig insbesondere wegen der Abschaffung der umgekehrten Maßgeblichkeit in vielen Fällen nicht mehr möglich sein. Ein Schwerpunkt der Arbeit liegt daher in der

Darstellung wesentlicher Regelungen, die bei kleinen und mittleren Unternehmen in Zukunft zu einer Abweichung der Steuerbilanz von der Handelsbilanz führen können.

2 Ziele des Bilanzrechtsmodernisierungsgesetzes (BilMoG)

„Die Unternehmen in Deutschland benötigen eine moderne Bilanzierungsgrundlage. Ziel des Bilanzrechtsmodernisierungsgesetzes ist es daher, das bewährte HGB-Bilanzrecht zu einer dauerhaften und im Verhältnis zu den internationalen Rechnungslegungsstandards vollwertigen, aber kostengünstigeren und einfacheren Alternative weiterzuentwickeln, ohne die Eckpunkte des HGB-Bilanzrechts – die HGB-Bilanz bleibt Grundlage der Ausschüttungsbemessung und der steuerlichen Gewinnermittlung – und das bisherige System der Grundsätze ordnungsgemäßer Buchführung aufzugeben. Darüber hinaus sollen die Unternehmen – wo möglich – von unnötigen Kosten entlastet werden." (Gesetzentwurf der Bundesregierung vom 30. Juli 2008, S. 1)

Das Handelsbilanzrecht kann in einer globalisierten Welt nicht auf eine nationale Betrachtungsweise beschränkt sein, sondern muss auch internationale Entwicklungen berücksichtigen, um im internationalen Geschäftsverkehr wettbewerbsfähig zu sein. Die internationale Rechnungslegung ist durch die International Financial Reporting Standards (IFRS) und die United States Generally Accepted Accounting Principles (US-GAAP) geprägt.

Als Schwächen der bisherigen HGB-Rechnungslegung werden insbesondere angesehen:

- Die Informationsfunktion und die Vergleichbarkeit des HGB-Abschlusses werden durch zahlreiche Bilanzierungs- und Bewertungswahlrechte eingeschränkt.
- Die Informationsfunktion wird ferner durch den Ansatz von historischen Werten anstelle von Zeitwerten eingeschränkt.
- Schließlich führt der starke steuerliche Einfluss durch das Prinzip der umgekehrten Maßgeblichkeit (§ 5 Abs. 1 Satz 2 EStG a.F.) zu einer Verzerrung des handelsrechtlichen Abschlusses und beeinträchtigt damit ebenfalls die Informationsfunktion.

Diese Schwächen sollten durch das BilMoG beseitigt oder zumindest reduziert werden, indem eine Annäherung an die IFRS-Rechnungslegung erfolgt. Auf der anderen Seite sollten aber auch diverse Nachteile der IFRS vermieden werden. Als Schwächen der IFRS-Rechnungslegung werden beispielsweise angesehen:

- IFRS ist durch einen hohen Bilanzierungsaufwand sowie durch ein sehr komplexes und unsystematisches Regelwerk gekennzeichnet.
- Der IFRS-Abschluss hat nur Informationsfunktion. Eine Ausschüttungsbemessungsfunktion sowie eine Steuerbemessungsfunktion können der IFRS-Rechnungslegung nicht zukommen.
- Die IFRS-Rechnungslegung konzentriert sich auf kapitalmarktorientierte Unternehmen.

Mit dem BilMoG sollen zwei divergierende Zielsetzungen umgesetzt werden. An erster Stelle zu nennen ist die Deregulierung und Kostensenkung, insbesondere für kleine und mittelständische Unternehmen, durch Entlastung von überflüssiger Bürokratie und damit verbundener Kosten. So sollen Innovations- und Investitionskräfte freigesetzt werden. Andererseits soll sich die Aussagefähigkeit des handelsrechtlichen Jahresabschlusses durch die Abschaffung der umgekehrten Maßgeblichkeit verbessern.

Weitere Ziele des BilMoG sind die Verbesserung der Vergleichbarkeit, die Stärkung der Informationsfunktion sowie die Steuerneutralität der Handelsbilanz.

Die Umsetzung der Ziele soll insbesondere durch die Eliminierung von Wahlrechten, die Trennung der handelsrechtlichen Rechnungslegung von der steuerlichen Gewinnermittlung sowie der Annäherung des HGB an die internationalen Rechnungslegungsstandards erfolgen.

3 Buchführungspflicht

Gegenwärtig ist jeder Kaufmann verpflichtet,

- Bücher zu führen und in diesen seine Handelsgeschäfte und die Lage seines Vermögens nach den Grundsätzen ordnungsmäßiger Buchführung ersichtlich zu machen (§ 238 Abs. 1 HGB),
- zu Beginn seines Handelsgeschäftes sowie zum Schluss eines jeden Geschäftsjahres ein Inventar zu erstellen (§ 240 Abs. 1, 2 HGB) und
- zu Beginn seines Handelsgeschäftes eine Eröffnungsbilanz sowie zum Schluss eines jeden Geschäftsjahres einen Jahresabschluss zu erstellen (§ 242 HGB).

Die Kaufmannseigenschaft richtet sich nach den §§ 1 – 6 HGB, die zwischen Istkaufmann, Kannkaufmann und Formkaufmann unterscheiden:

- Istkaufmann gemäß § 1 HGB

Istkaufmann im Sinne des § 1 HGB ist, wer ein Handelsgewerbe betreibt. Handelsgewerbe ist

o jedes Gewerbe,

o es sei denn, dass das Unternehmen einen in kaufmännischer Weise eingerichteten Geschäftsbetrieb nicht erfordert.

Von Bedeutung ist, ob ein in kaufmännischer Weise eingerichteter Geschäftsbetrieb benötigt wird. Das tatsächliche Vorhandensein eines solchen kann lediglich als Indiz für die Notwendigkeit herangezogen werden. Im Rahmen einer Gesamtbetrachtung kommt es zudem auf die Höhe der Umsatzerlöse, die Zahl der Beschäftigten, die Größe des Kundenstammes, die Vielfalt der Erzeugnisse, die Größe der Geschäftsräume oder die Zahl der Geschäftsvorfälle an. Die Rechtsprechung ist durch eine Vielzahl von einander teilweise widersprechenden Urteilen geprägt. In der Praxis herrscht daher große Unsicherheit. Vielfach ist unklar, ob im konkreten Einzelfall ein nach Art und Umfang in kaufmännischer Weise eingerichteter Geschäftsbetrieb erforderlich ist (mit der Folge einer Buchführungspflicht) oder ob ein solcher eben nicht erforderlich ist.

Der Istkaufmann ist zur Handelsregistereintragung verpflichtet. Die Eintragung ist aber nur deklaratorischer Natur. Istkaufleute verfügen auch ohne Eintragung über die Kaufmannseigenschaft.

- Gewerblicher Kannkaufmann gemäß § 2 HGB

    Kannkaufmann im Sinne des § 2 HGB ist ein

    o gewerbliches Unternehmen,

    o das einen in kaufmännischer Weise eingerichteten Geschäftsbetrieb nicht erfordert und

    o ins Handelsregister eingetragen ist.

    Der Unternehmer ist im Gegensatz zum Istkaufmann nicht zur Eintragung ins Handelsregister verpflichtet (§ 2 Satz 2 HGB). Lässt er sich eintragen, so wird er zum Kaufmann. Die Eintragung hat somit konstitutive, d.h. die Kaufmannseigenschaft begründende Wirkung.

- Formkaufmann gemäß § 6 Abs. 1 HGB

    Formkaufleute sind die Handelsgesellschaften, insbesondere die AG (§ 3 Abs. 1 AktG), die KGaA (§ 278 Abs. 3 i.V.m. § 3 Abs. 1 AktG) und die GmbH (§ 13 Abs. 3 GmbHG)

Ergänzend zur handelsrechtlichen Buchführungspflicht regeln die §§ 140, 141 AO die steuerliche Buchführungspflicht. § 140 AO statuiert eine derivative steuerliche Buchführungspflicht. Danach muss jeder, der nach anderen Gesetzen, insbesondere nach dem HBG, buchführungspflichtig ist, auch für steuerliche Zwecke Bücher führen. § 141 AO regelt die originär steuerliche Buchführungspflicht. Diese Regelung betrifft Kleingewerbetreibende sowie Land – und Forstwirte, die nicht schon nach handelsrechtlichen Regelungen buchführungspflichtig sind. Eine steuerliche Buchführungspflicht ergibt sich danach, wenn der Umsatz 500.000 Euro oder der Gewinn 50.000 Euro im Kalenderjahr übersteigt.

Durch das BilMoG werden § 241a HGB sowie § 242 Abs. 4 HBG eingefügt. Einzelkaufleute (nicht aber Personen- und Kapitalgesellschaften!), die Umsatzerlöse von nicht mehr als 500.000 Euro und einen Jahresüberschuss von nicht mehr als 50.000 Euro an zwei aufeinander folgenden Abschlussstichtagen aufweisen, brauchen die §§ 238 – 242 HGB nicht anzuwenden. Das bedeutet, die Pflicht zur Buchführung, zur

Erstellung eines Inventars und zur Erstellung eines Jahresabschlusses entfällt. Bei Neugründung sind die Voraussetzungen schon am ersten Abschlussstichtag maßgebend. Mit der Einführung des § 241a HGB n.F. wurde eine Annäherung an die Schwellenwerte des § 141 AO erreicht, wobei steuerrechtlich die Grenzen an nur einem Abschlussstichtag maßgeblich sind. Zudem bestehen bei der Ermittlung der Umsätze und des Gewinns im Detail Unterschiede. Gemäß § 141 AO wird nicht auf den handelsrechtlichen Jahresüberschuss, sondern auf den steuerlichen Gewinn abgestellt, wobei erhöhte Absetzungen und Sonderabschreibungen gemäß § 7a Abs. 6 EStG nicht berücksichtigt werden.

Nach Auffassung des Gesetzgebers soll diese Maßnahme zu einer Kostenentlastung von ca. 1 Mrd. Euro führen, da die betroffenen Kaufleute nur noch eine Einnahmen-überschussrechnung für steuerliche Zwecke aufstellen müssen.

Die §§ 241a und § 242 Abs. 4 HGB n.F. sind erstmals für Geschäftsjahre anzuwenden, die nach dem 31. Dezember 2007 beginnen, d.h. bei kalenderjahrgleichem Wirtschafts-jahr bereits für den Abschluss zum 31. Dezember 2008.

Auf der folgenden Seite findet sich eine schematische Darstellung der neuen Rechts-lage zur handelsrechtlichen Buchführungspflicht.

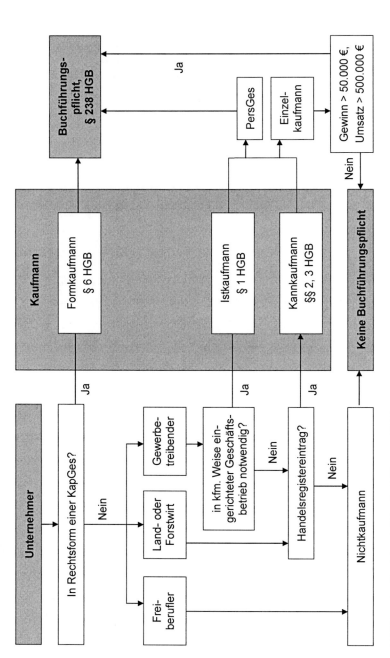

Abbildung 1: Handelsrechtliche Buchführungspflicht

4 Wechsel zur Einnahmen-Überschuss-Rechnung

Gewerbetreibende, die wegen Unterschreitens der genannten Grenzen (Gewinn ≤ 50.000 € und Umsatz ≤ 500.000 €) nicht zur Buchführung verpflichtet sind und auch nicht freiwillig Bücher führen und Abschlüsse erstellen, müssen den Gewinn für steuerliche Zwecke durch Einnahmen-Überschuss-Rechnung nach § 4 Abs. 3 EStG ermitteln.

Die Gewinnermittlung nach § 4 Abs. 3 EStG stellt eine vereinfachte Methode dar, die „kleinere" Steuerpflichtige von der Verpflichtung zur Fortschreibung von Bilanzen entbindet, da dies einen unverhältnismäßigen Aufwand bedeuten würde. Sie basiert auf der Überlegung, dass sich jede Veränderung des Betriebsvermögens zu irgendeinem Zeitpunkt in einem Geldzufluss oder Geldabfluss niederschlagen muss. Die Einnahmen-Überschuss-Rechnung kann wie folgt charakterisiert werden:

- Der besondere Vorteil der Einnahmen-Überschuss-Rechnung besteht darin, dass die Bestände des Betriebsvermögens nicht berücksichtigt werden und sich daher jährliche Bestandsaufnahmen erübrigen. Es reicht aus, Aufzeichnungen über die Betriebseinnahmen und Betriebsausgaben zu führen (Zufluss-Abfluss-Prinzip).
- Da die Gewinnermittlung nach dem Ist-Prinzip erfolgt, kommen Erfolgsabgrenzungen durch Rechnungsabgrenzungsposten oder Rückstellungen nicht in Betracht.

Um die Abweichungen des Gewinns nach Einnahmen-Überschuss-Rechnung im Vergleich zur bilanziellen Gewinnermittlung auf ein akzeptables Maß zu reduzieren, sind jedoch bei der Einnahmen-Überschuss-Rechnung eine Reihe von Durchbrechungen des Zufluss-Abfluss-Prinzips vorgesehen:

- Durchlaufende Posten, d.h. Einnahmen oder Ausgaben, die im Namen und für Rechnung eines anderen vereinnahmt oder verausgabt werden, sind nicht zu berücksichtigen (§ 4 Abs. 3 Satz 2 EStG).
- Die Anschaffungs- oder Herstellungskosten abnutzbarer Wirtschaftsgüter des Anlagevermögens sind nicht im Abflusszeitpunkt zu berücksichtigen, sondern

über die Zeitdauer der Nutzung durch Abschreibungen zu verteilen (§ 4 Abs. 3 Satz 3 EStG).

- Die Anschaffungs- oder Herstellungskosten nicht abnutzbarer Wirtschaftsgüter des Anlagevermögens (insbesondere Grund und Boden und Beteiligungen) sind erst im Zeitpunkt der Veräußerung oder Entnahme als Betriebsausgaben zu berücksichtigen. Sie sind unter Angabe des Tages der Anschaffung oder Herstellung und der Anschaffungskosten oder Herstellungskosten in ein besonderes, laufend zu führendes Verzeichnis aufzunehmen (§ 4 Abs. 3 Sätze 4, 5 EStG).

- Regelmäßig wiederkehrende Einnahmen oder Ausgaben, die dem Steuerpflichtigen kurze Zeit vor Beginn oder kurze Zeit nach Ende des Kalenderjahres, zu dem sie wirtschaftlich gehören, zufließen oder abfließen, sind dem Kalenderjahr der wirtschaftlichen Zugehörigkeit zuzurechnen (§ 11 EStG). Als kurze Zeit gilt ein Zeitraum von bis zu zehn Tagen.

Bei Steuerpflichtigen, welche die genannten Grenzen (Gewinn $\leq$ 50.000 € und Umsatz $\leq$ 500.000 €) unterschreiten, stellt sich die Frage, ob der Wechsel der Gewinnermittlungsart von Vorteil ist.

Vorteile der Einnahmen-Überschuss-Rechnung nach § 4 Abs. 3 EStG

- Die Einnahmen-Überschuss-Rechnung ist durch den Verzicht auf jährliche Bestandsaufnahmen (Inventur) deutlich einfacher und kostengünstiger. Auch die Beraterkosten fallen durchweg niedriger aus.
- Einnahmen und/oder Ausgaben können in stärkerem Maße vorgezogen oder hinausgezögert werden, um Gewinnverlagerungen zu erreichen.

Nachteile der Einnahmen-Überschuss-Rechnung nach § 4 Abs. 3 EStG

- Aus betriebswirtschaftlicher Sicht eignet sich die Einnahmen-Überschuss-Rechnung für die Unternehmensführung aber nur bedingt. Um Schwachstellen zu erkennen und effizient zu arbeiten, benötigt der Steuerpflichtige Wirtschaftskennzahlen eines Geschäftsjahres. Aus einer Einnahmen-Überschuss-Rechnung gehen diese Daten in nur begrenztem Maße hervor.
- Weiterhin werden auch keine offenen Posten ausgewiesen. Um offene Rechnungen kontrollieren zu können, sind zusätzliche Aufzeichnungen zu führen.

- Außerdem bildet die Einnahmen-Überschuss-Rechnung für ein Kreditgespräch (Rating) mit der Bank eine unzureichende Grundlage. Wenn Unternehmen regelmäßig auf Kredite angewiesen sind, wird sich eine bilanzielle Gewinnermittlung daher in vielen Fällen empfehlen.

Bei der Entscheidung für oder gegen einen Wechsel von der Bilanzierung zur Einnahmen-Überschuss-Rechnung ist zudem zu beachten, dass im Übergangszeitpunkt ein Übergangsgewinn oder Übergangsverlust zu ermitteln ist, da bereits nicht einnahmen- oder ausgabenwirksame Vorgänge teilweise schon in der Bilanz berücksichtigt wurden; bei Geldfluss werden diese in der Einnahmenüberschussrechnung nochmals gewinnmindernd bzw. gewinnerhöhend erfasst.

Im Zeitpunkt des Wechsels zur Einnahmen-Überschuss-Rechnung ist eine Schlussbilanz aufzustellen. Der Übergangsgewinn bzw. –verlust ergibt sich dann vereinfacht wie folgt:

Endbestand an Warenschulden und sonstigen Verbindlichkeiten
- Endbestand an Waren, Erzeugnissen, Roh-, Hilfs- und Betriebsstoffen
- Endbestand der Forderungen
- Aktive Rechnungsabgrenzungsposten
+ Passive Rechnungsabgrenzungsposten
+ Rückstellungen

= Übergangsgewinn bzw. Übergangsverlust

Der Übergangsgewinn ist dem bilanziell ermittelten Gewinn des letzten Wirtschaftsjahres vor dem Wechsel hinzuzurechnen, ein Übergangsverlust ist entsprechend abzuziehen.

Aus dem Bilanzbild lässt sich offenbar leicht ablesen, ob im Zeitpunkt des Wechsels ein Übergangsgewinn oder ein Übergangsverlust zu berücksichtigen wäre. Ein hoher Übergangsgewinn kann ein gewichtiges Argument gegen einen Wechsel der Gewinnermittlungsart darstellen.

5 Schwellenwerte zur Umschreibung der Größenklassen

5.1 Einzelabschluss

Der Umfang der Rechnungslegungs-, Offenlegungs- und Prüfungspflichten von Kapitalgesellschaften hängt von bestimmten Größenmerkmalen ab, die in § 267 HGB definiert werden. Danach werden Kapitalgesellschaften in kleine, mittelgroße und große Gesellschaften eingeteilt. Aus dieser Differenzierung ergeben sich verschiedene Befreiungen und Erleichterungen bei den Vorschriften des Dritten Buches des HGB. Eine Auswahl der wichtigsten Erleichterungen und Befreiungen für kleine und mittelgroße Kapitalgesellschaften ist im Folgenden dargestellt:

Tabelle 1: Größenabhängige Erleichterungen für kleine und mittelgroße Kapitalgesellschaften

Art der Erleichterung	Kleine KapGes	Mittelgroße KapGes
Aufstellungsfrist für Jahresabschluss auf sechs Monate verlängert (§ 264 Abs. 1 Satz 4 HGB)	x	
Weniger detaillierte Bilanzgliederung erforderlich (§ 266 Abs. 1 Satz 3 HGB)	x	
Verzicht auf Anlagespiegel (§ 274a Nr. 1 HGB)	x	
Im Anhang keine Aufgliederung der Umsatzerlöse nach Tätigkeitsbereichen und Märkten (§ 288 HGB)	x	x
Kein Lagebericht (264 Abs. 1 Satz 4 HGB)	x	
Keine Prüfung des Jahres-abschlusses (§ 316 Abs. 1 HGB)	x	

Nach bisherigem Recht ergeben sich folgende Schwellenwerte:

Tabelle 2:   **Schwellenwerte des § 267 HGB nach altem Recht**

	Kriterien		
	Bilanzsumme BS (in Mio.€)	Umsatzerlöse U (in Mio.€)	Arbeitnehmer AN (Anzahl)
Kleine KapGes	BS ≤ 4,015	U ≤ 8,03	AN ≤ 50
Mittelgroße KapGes	4,015 < BS ≤ 16,06	8,03 < U ≤ 32,12	50 < AN ≤ 250
Große Kap.Ges	BS > 16,06	U > 32,12	AN > 250

Durch das BilMoG erfolgt eine Anhebung der Schwellenwerte für die Bilanzsumme und die Umsatzerlöse um ca. 20%. Der Grenzwert für die Arbeitnehmerzahl hat sich nicht geändert.

Tabelle 3:   **Schwellenwerte des § 267 HGB nach dem BilMoG**

	Kriterien		
	Bilanzsumme BS (in Mio.€)	Umsatzerlöse U (in Mio.€)	Arbeitnehmer AN (Anzahl)
Kleine KapGes	BS ≤ 4,84	U ≤ 9,68	AN ≤ 50
Mittelgroße KapGes	4,84 < BS ≤ 19,25	9,68 < U ≤ 38,5	50 < AN ≤ 250
Große KapGes	BS > 19,25	U > 38,5	AN > 250

Ein Statuswechsel findet erst statt, wenn von den genannten Kriterien mindestens zwei an zwei aufeinander folgenden Stichtagen überschritten werden.

Die neuen Größenmerkmale sind bereits für Geschäftsjahre anzuwenden, die nach dem 31. Dezember 2007 beginnen, d.h. bei kalenderjahrgleichem Wirtschaftsjahr erstmals für den Jahresabschluss zum 31. Dezember 2008. Für die Frage, ob die genannten Schwellenwerte zum 31. Dezember 2008 überschritten sind, sind auch zum 31. Dezember 2006 und zum 31. Dezember 207 bereits die erhöhten Schwellenwerte anzuwenden.

Durch die Erhöhung der Schwellenwerte rechnet die Bundesregierung mit einer Kostenersparnis von ca. 280 Mio. Euro, weil künftig ca. 1.600 Kapitalgesellschaften nicht mehr „groß", sondern „mittelgroß", und ca. 7.400 Kapitalgesellschaften nicht mehr „mittelgroß", sondern „klein" sein werden.

5.2 Konzernabschluss

Gemäß § 293 Abs. 1 HGB werden auch die Schwellenwerte (Bilanzsumme, Umsatzerlöse) für die Verpflichtung zur Konzernrechnungslegung um ca. 20 % erhöht. Das Kriterium „Arbeitnehmerzahl" bleibt unverändert. Eine Verpflichtung zur Erstellung eines Konzernabschlusses entsteht, wenn zwei der drei Merkmale an zwei aufeinander folgenden Stichtagen überschritten werden.

Tabelle 4: **Schwellenwerte des § 293 HGB nach altem Recht**

	Kriterien		
	Bilanzsumme BS (in Mio.€)	Umsatzerlöse U (in Mio.€)	Arbeitnehmer AN (Anzahl)
Addition der Einzelbilanz-werte	BS > 19,272	U > 38,544	AN > 250
Konsolidierte Werte	BS > 16,06	U > 32,12	AN > 250

Tabelle 5: **Schwellenwerte des § 293 HGB nach neuem Recht**

	Kriterien		
	Bilanzsumme BS (in Mio.€)	Umsatzerlöse U (in Mio.€)	Arbeitnehmer AN (Anzahl)
Addition der Einzelbilanz-werte	BS > 23,1	U > 46,2	AN > 250
Konsolidierte Werte	BS > 19,25	U > 38,5	AN > 250

6 Erstmalige Anwendung des BilMoG

In den Artikeln 66 und 67 EGHGB sind die Übergangsvorschriften zum BilMoG enthalten, wobei Artikel 66 EGHGB Regeln zur erstmaligen Anwendung und Artikel 67 EGHGB Beibehaltungs- und Fortführungswahlrechte sowie andere Erleichterungen enthält.

In der folgenden Tabelle sind die verschiedenen Fälle der erstmaligen Anwendung benannt.

Tabelle 6: **Erstmalige Anwendung des BilMoG (vgl. Lehwald (2009), S.26)**

Erstmalige Anwendung	Betroffener Regelungsbereich
Geschäftsjahre, die nach dem 31.12.2007 beginnen	Rückwirkende, erstmalige Anwendung begünstigender Vorschriften (Art. 66 Abs.1 EGHGB), z.B. • Aufhebung der Rechnungslegungspflichten für kleine Einzelkaufleute (§§ 241a, 242 Abs. 4 HGB) • Anhebung der Schwellenwerte (§ 267 Abs. 1 und 2 sowie § 293 Abs. 1 HGB)
Geschäftsjahre, die nach dem 31.12.2008 beginnen	Erstmalige Anwendung von Vorschriften aus der Umsetzung von EU-Richtlinie (Art. 66 Abs. 2 EGHGB)
Geschäftsjahre, die nach dem 31.12.2009 beginnen	Verpflichtende erstmalige Regelanwendung (Art. 66 Abs. 3 EGHGB)
Geschäftsjahre, die nach dem 31.12.2008 beginnen	Freiwillige vorzeitige Anwendung der Vorschriften des BilMoG (Art. 66 Abs. 3 S.6 EGHGB)

Wie oben dargestellt, können die Vorschriften des BilMoG bereits freiwillig für Geschäftsjahre angewendet werden, die nach dem 31. Dezember 2008 beginnen. In diesem Fall sind aber sämtliche Vorschriften des BilMoG bereits im Wirtschaftsjahr 2009 zu berücksichtigen. Eine fallweise Anwendung nur einzelner Vorschriften des BilMoG in 2009 ist nicht zulässig. Außerdem ist die vorzeitige Anwendung des BilMoG im Anhang anzugeben.

7 Die Änderungen durch das BilMoG im Überblick

Im Folgenden sind die wichtigsten Änderungen durch das BilMoG tabellarisch aufgeführt, gegliedert nach Änderungen, die sich auf den Einzelabschluss beziehen (Abschnitt 7.1), Änderungen, die sich auf den Konzernabschluss beziehen (Abschnitt 7.2) sowie Änderungen zur Corporate Governance und Abschlussprüfung (Abschnitt 7.3).

7.1 Einzelabschluss

7.1.1 Vorschriften für alle Kaufleute

Tabelle 7: Überblick über ausgewählte Änderungen für den Einzelabschluss

	Handelsbilanz nach HGB a.F.	Handelsbilanz nach BilMoG	Steuerliche Auswirkungen des BilMoG
Maßgeblichkeitsprinzip	**§ 5 Abs. 1 S. 1 EStG a.F.:** Maßgeblichkeit der HB für die StB **§ 5 Abs. 1 S. 2 EStG a.F.:** umgekehrte Maßgeblichkeit → steuerliche Wahlrechte sind in Übereinstimmung mit der HB auszuüben	**§ 5 Abs.1 S.1 HS 1 EStG n.F.:** Maßgeblichkeit der HB für die StB bleibt erhalten **Wegfall der umgekehrten Maßgeblichkeit:** → Streichung handelsrechtlicher Öffnungsklauseln (§§ 247 Abs. 3, 254, 273, 279 Abs. 2, 280, 281 sowie 285 S. 1 Nr. 5 HGB)	**Ausübung steuerlicher Wahlrechte unabhängig von der HB** → Abweichung zwischen HB und StB → ggf. Ausweis latenter Steuern → Voraussetzung für Ausübung steuerlicher Wahlrechte: Aufnahme der Wirtschaftsgüter in gesondertes Verzeichnis
Wirtschaftliche Zurechnung	**§ 246 Abs. 1 S. 2, 3 HGB a.F.:** Berücksichtigung von Vermögensgegenständen, die unter Eigentumsvorbehalt erworben wurden → Ableitung des Prinzips der wirtschaftlichen Betrachtungsweise beim Auseinanderfallen von rechtlichem und wirtschaftlichem Eigentum	**§ 246 Abs. 1 Satz 2 HGB n.F.:** Klarstellung der bisherigen Bilanzierungspraxis → wirtschaftlicher Eigentümer ist derjenige, der die wesentlichen Chancen und Risiken trägt, Passivierung aller Verpflichtungen	**§ 246 Abs. 1 Satz 2 HGB n.F. entspricht inhaltlich § 39 AO** → keine Abweichung von HB und StB → keine latenten Steuern

	Handelsbilanz nach HGB a.F.	Handelsbilanz nach BilMoG	Steuerliche Auswirkungen des BilMoG
Verrechnung von Vermögensgegenständen und Schulden	**§ 246 Abs. 2 HGB a.F.:** **Verrechnungsverbot** → Posten der Aktivseite dürfen nicht mit Posten der Passivseite saldiert werden	**§ 246 Abs. 2 HGB n.F.:** **Verrechnungspflicht** für Altersvorsorgeverpflichtungen und vergleichbare langfristige Verpflichtungen gegenüber Arbeitnehmern → Voraussetzung: Vermögensgegenstände, die ausschließlich der Erfüllung von Schulden dienen	**§ 5 Abs. 1a EStG n.F.:** Aktivposten dürfen nicht mit Passivposten verrechnet werden → HB und StB fallen in Bezug auf die Ansatzvorschrift auseinander, Bewertungsansatz bleibt gleich
Immaterielle Vermögensgegenstände	**§ 248 Abs. 2 HGB a.F.:** **Aktivierungsverbot** von selbst geschaffenen immateriellen Vermögensgegenständen des Anlagevermögens	**§ 248 Abs. 2 HGB n.F.:** **Ansatzwahlrecht** für selbst geschaffene immaterielle Vermögensgegenstände des Anlagevermögens (Ausnahme: selbst geschaffene Marken, Drucktitel, Verlagsrechte, Kundenlisten und vergleichbare selbst geschaffene immaterielle Vermögensgegenstände) → **Differenzierung** von Forschungs- und **Entwicklungskosten** (nur Entwicklungskosten sind aktivierungsfähig § 255 Abs. 2a HGB n.F.)	**§ 5 Abs. 2 EStG** **Aktivierungsverbot** von selbst geschaffenen immateriellen Vermögensgegenständen des Anlagevermögens → bei Inanspruchnahme des **Ansatzwahlrechts Auseinanderfallen von HB und StB** → ggf. Ausweis latenter Steuern

	Handelsbilanz nach HGB a.F.	Handelsbilanz nach BilMoG	Steuerliche Auswirkungen des BilMoG
Geschäfts- oder Firmenwert	**§ 255 Abs. 4 Satz 1 HGB a.F.:** **Aktivierungswahlrecht** für den derivativen (entgeltlich erworbenen) Geschäfts- oder Firmenwert	Streichung § 255 Abs. 4 HGB a.F. → **§ 246 Abs. 1 Satz 4 HGB n.F.: Aktivierungspflicht** des derivativen Geschäfts- oder Firmenwertes → planmäßige (und ggf. außerplanmäßige) Abschreibung über Nutzungsdauer gem. § 253 Abs. 3 HGB n.F. → **Wertaufholungsverbot** nach § 253 Abs. 5 HGB n.F.	§ 5 Abs. 2 EStG: **Aktivierungspflicht** → planmäßige Abschreibung über 15 Jahre nach § 7 Abs. 1 S. 3 EStG → keine Ausnahme vom grundsätzlichem Wertaufholungsgebot (§ 6 Abs. 1 Nr. 1 Satz 4 EStG) → Abweichung von HB und StB aufgrund abweichender AfA möglich → ggf. Ausweis latenter Steuern
Herstellungskosten	**§ 255 Abs. 2 und 3 HGB a.F.:** **Wertuntergrenze:** Materialeinzelkosten, Fertigungseinzelkosten und Sondereinzelkosten der Fertigung **Wertobergrenze** (Wahlrecht): Gemeinkosten, Verwaltungs- und Sozialgemeinkosten, Fremdkapitalzinsen	**§ 255 Abs. 2 und 3 HGB n.F.:** **Wertuntergrenze:** Materialeinzelkosten, Fertigungseinzelkosten und Sondereinzelkosten der Fertigung, Material- und Fertigungsgemeinkosten **Wertobergrenze** (Wahlrecht): Verwaltungs- und Sozialgemeinkosten, Fremdkapitalzinsen	Anpassung der handelsrechtlichen an die steuerliche Wertuntergrenze nach R 6.3 Abs. 1 bis 3 EStR → wohl keine Abweichungen von HB und StB mehr möglich → keine latenten Steuern

	Handelsbilanz nach HGB a.F.	Handelsbilanz nach BilMoG	Steuerliche Auswirkungen des BilMoG
Außerplanmäßige Abschreibung	**§ 253 Abs. 2 und 3 HGB a.F.:** Wahlrecht zum Ansatz von außerplanmäßigen Abschreibungen bei vorübergehender Wertminderung des Anlagevermögens für Nicht-Kapitalgesellschaften **§ 253 Abs. 5 HGB a.F.:** Wertaufholungswahlrecht für Nicht-Kapitalgesellschaften, sonst Wertaufholungsgebot	**§ 253 Abs. 3 HGB n.F.:** **Ansatzverbot** von außerplanmäßigen Abschreibungen bei vorübergehender Wertminderung des Anlagevermögens für Nicht-Kapitalgesellschaften; Abschreibungswahlrecht für Finanzanlagen **§ 253 Abs. 5 HGB n.F.:** generelles Wertaufholungsgebot	**§ 6 Abs. 1 Nr. 1 Satz 2 EStG:** Teilwertabschreibung nur bei dauerhafter Wertminderung **§ 6 Abs. 1 Nr. 1 Satz 4, Nr. 2 Satz 3 EStG:** generelles Wertaufholungsgebot → weitgehende Angleichung von HB und StB → Abweichung möglich (z.B. bei Finanzanlagen) → ggf. Ausweis latenter Steuern
Rückstellungen	**§ 249 Abs. 1 Satz 2 Nr.1 HGB a.F.:** **Passivierungspflicht** für Rückstellungen für Instandhaltungen, die im Folgejahr in den ersten drei Monaten nachgeholt werden **§ 249 Abs. 1 Satz 3 und Abs. 2 HGB a.F.:** **Passivierungswahlrecht** für Rückstellungen für Instandhaltungen, die im Folgejahr nach Ablauf von drei Monaten nachgeholt werden **§ 249 Abs.2 HGB a.F.:** **Passivierungswahlrecht** für andere Aufwandsrückstellungen	**Streichung** von § 249 Abs. 1 Satz 3 und Abs. 2 HGB a.F.: **Passivierungswahlrechte** für Aufwandsrückstellungen entfallen	Aufwandsrückstellungen steuerlich grundsätzlich nicht zulässig → Angleichung von HB und StB

	Handelsbilanz nach HGB a.F.	Handelsbilanz nach BilMoG	Steuerliche Auswirkungen des BilMoG
Bewertung von Rückstellungen	**Bewertung nach § 253 Abs. 1 Satz 2 HGB a.F.** zum nach vernünftiger kaufmännischer Beurteilung notwendigen Betrag unter Berücksichtigung der Wertverhältnisse am Bilanzstichtag; künftige Preis- und Kostenverhältnisse bleiben unberücksichtigt; Wahlrecht zur Abzinsung, wenn in zugrunde liegender Verbindlichkeit Zinsanteil enthalten ist	**Bewertung nach § 253 Abs. 1 Satz 2 HGB n.F.** zum nach vernünftiger kaufmännischer Beurteilung notwendigen **Erfüllungsbetrag**; Berücksichtigung von künftigen Preis- und Kostenverhältnissen; Abzinsungspflicht bei Rückstellungen mit Laufzeit > 1 Jahr	**§ 6 Abs. 1 Nr. 3a Buchstabe f EStG:** Stichtagsprinzip, künftige Preis- und Kostenverhältnisse bleiben unberücksichtigt; Abzinsung mit 5,5% (Pensionsrückstellungen mit 6%) → Abweichungen von HB und StB → ggf. Ausweis latenter Steuern
Bewertung von Verbindlichkeiten	Bewertung zum **Rückzahlungsbetrag** (§ 253 Abs. 1 Satz 2 HGB a.F.)	Bewertung zum **Erfüllungsbetrag** (§ 253 Abs. 1 Satz 2 HGB n.F.)	**§ 6 Abs. 1 Nr. 2, 3 EStG.** Bewertung zum **Rückzahlungsbetrag**; Abzinsungsgebot (5,5%) → künftig mehr Abweichungen zwischen HB und StB → ggf. Ausweis latenter Steuern
Bewertungsvereinfachungsverfahren	Grundsätzlich **Wahlrecht** zwischen - Durchschnittswertverfahren - LIFO - FIFO - HIFO - LOFO (§ 256 Satz 1 HGB a.F.)	Erlaubt sind nur noch - Durchschnittswertverfahren - LIFO - FIFO (§ 256 Satz 1 HGB n.F.)	Keine Änderungen, erlaubt sich nach wie vor nur - Durchschnittswertverfahren - LIFO (§ 6 Abs. 1 Nr. 2a EStG)

7.1.2 Ergänzende Vorschriften für Kapitalgesellschaften

Tabelle 8: Überblick über ausgewählte Änderungen für den Einzelabschluss von Kapitalgesellschaften

	Handelsbilanz nach HGB a.F.	Handelsbilanz nach BilMoG	Steuerliche Auswirkungen des BilMoG
Kapitalflussrechnung und Eigenkapitalspiegel	Nur für den Konzernabschluss war die Aufstellung von Kapitalflussrechnung und Eigenkapitalspiegel erforderlich (§ 297 Abs. 1 HGB a.F.).	Auch im Einzelabschluss ist die Aufstellung von Kapitalflussrechnung und Eigenkapitalspiegel erforderlich, wenn eine kapitalmarktorientierte Kapitalgesellschaft keinen Konzernabschluss aufstellt (§ 264 Abs. 1 Satz 2 HGB n.F.).	Keine
Gesetzliches Gliederungsschema	§ 266 Abs. 2, 3 HGB a.F.	Einfügung neuer Posten (§ 266 Abs. 2, 3 HGB n.F.): - Selbst geschaffene immaterielle Vermögensgegenstände - Aktive und passive latente Steuern - Rücklage bei Rückbeteiligungen - Aktivischer Unterschiedsbetrag aus der Vermögensverrechnung	Keine
Ingangsetzungs- und Erweiterungsaufwendungen	Aktivierungswahlrecht für Ingangsetzungs- und Erweiterungsaufwendungen (§ 269 Satz 1 HGB a.F.).	Aktivierungsverbot für Ingangsetzungs- und Erweiterungsaufwendungen (§ 269 HGB a.F. abgeschafft).	**Keine:** Aktivierung von Ingangsetzungs- und Erweiterungsaufwendungen war in der Steuerbilanz ohnehin nicht möglich.

	Handelsbilanz nach HGB a.F.	Handelsbilanz nach BilMoG	Steuerliche Auswirkungen des BilMoG
Ausschüttungssperre	**Ausschüttungssperre für** - Aktivierte Ingangsetzungs-aufwendungen (§ 269 Satz 2 HGB a.F.) - Aktivierte latente Steuern (§ 274 Abs. 2 Satz 3 HGB a.F.)	**Ausschüttungssperre nach § 268 Abs. 8 HGB n.F. für** - Aktivierte selbst geschaffene immaterielle Vermögens-gegenstände des Anlageverm. - Aktivierte latente Steuern	**Keine**
Nicht eingeforderte ausstehende Einlagen	Nicht eingeforderte ausstehende Einlagen waren **wahlweise** (§ 272 Abs. 1 Satz 3, Abs. 3 HGB a.F.) - auf der Aktivseite der Bilanz vor dem Anlagevermögen auszu-weisen (Bruttoausweis) oder - offen von der Position „Gezeichnetes Kapital" abzusetzen (**Nettoausweis**)	Nicht eingeforderte ausstehende Einlagen sind offen von dem Posten „Gezeichnetes Kapital" abzusetzen (**Nettoausweis**), § 272 Abs. 1 Satz 3 HGB	**Keine**
Eigene Anteile	Eigene Anteile waren je nach Zweckbestimmung entweder - im Umlaufvermögen zu aktivieren; zugleich war eine Rücklage für eigene Anteile zu bilden, oder - der Betrag war offen vom Eigenkapital abzusetzen (§ 265 Abs. 3 Satz 2, § 272 Abs. 4, § 272 Abs. 1 Sätze 4-6 HGB a.F.)	Eigene Anteile sind künftig offen von dem Posten „Gezeichnetes Kapital" abzusetzen (§ 272 Abs. 1a, 1b HGB n.F.).	**Keine**

Latente Steuern	Handelsbilanz nach HGB a.F.	Handelsbilanz nach BilMoG	Steuerliche Auswirkungen des BilMoG
	§ 274 HGB a.F.:	**§ 274 HGB n.F.:**	**StB = Basis für bilanzorientierte**
	erfolgsorientiertes Timing-Konzept	**bilanzorientiertes Temporary-Konzept**	**Ermittlung von Differenzen**
	→ Passivierungspflicht von latenten Steuern	→ Passivierungspflicht von latenten Steuern	aufgrund des BilMoG mehren sich Differenzen zwischen HB und StB
	→ Aktivierungswahlrecht (Ausschüttungssperre)	→ Aktivierungswahlrecht (Ausschüttungssperre)	→ latente Steuern gewinnen an Bedeutung
	→ Saldierung von aktiven und passiven latenten Steuern	→ Saldierungswahlrecht von aktiven und passiven latenten Steuern, getrennter Ausweis möglich	→ zeitnahe Aufstellung der StB notwendig
	→ wenn Aktiva > Passiva kein Ausweis erforderlich	→ unternehmensindividueller Steuersatz im Zeitpunkt der Umkehrung maßgebend	
	→ keine Regelungen zum anzuwendenden Steuersatz	→ keine Abzinsung	
	→ keine Abzinsung	→ kleine Kapitalgesellschaften sind von § 274 HGB n.F. befreit	

7.1.3 Angabe- und Erläuterungspflichten in Anhang und Lagebericht

Tabelle 9: Überblick über ausgewählte Änderungen für Anhang und Lagebericht

	Handelsbilanz nach HGB a.F.	Handelsbilanz nach BilMoG
Abschlussprüferhonorar	Kapitalmarktorientierte Unternehmen haben das als Aufwand berücksichtigte Gesamthonorar an den Abschlussprüfer im Anhang aufzuschlüsseln (§ 285 Satz 1 Nr. 17 HGB a.F.).	Alle Kapitalgesellschaften haben das Gesamthonorar an den Abschlussprüfer im Anhang aufzuschlüsseln (§ 285 Nr. 17 HGB a.F.).
Geschäfte mit nahe stehenden Personen	Keine Angaben vorgeschrieben.	Pflicht zur Angabe nicht marktüblicher Geschäfte im Anhang (§ 285 Nr. 21 HGB n.F.).
Investmentvermögen	Keine Angaben vorgeschrieben.	Umfangreiche Pflichtangaben im Anhang (§ 285 Nr. 26 HGB n.F.).
Haftungsverhältnisse	Angabe zu Haftungsverhältnissen erforderlich (§ 268 Abs. 7 HGB a.F.).	Angabe zu Haftungsverhältnissen erforderlich einschließlich der Gründe der Einschätzung des Risikos der Inanspruchnahme (§ 285 Nr. 27 n.F.).
Erklärung zur Unternehmensführung	Nicht geregelt.	Kapitalmarktorientierte AG´s haben Erklärung zur Unternehmenserklärung in den Lagebericht aufzunehmen. (§ 289a HGB n.F.).
Internes Kontroll- und Risikomanagementsystem	Keine Erläuterungspflicht des internen Kontroll- und Risikomanagementsystems.	Erläuterungspflicht der wesentlichen Merkmale des internen Kontroll- und Risikomanagementsystems im Lagebericht (§ 289 Abs. 5 HGB n.F. bzw. § 315 Abs. 2 Nr. 5 HGB n.F.).

7.2 Konzernabschluss

Tabelle 10: Überblick über ausgewählte Änderungen zum Konzernabschluss

	Handelsbilanz nach HGB a.F.	Handelsbilanz nach BilMoG

Erweiterung des Konzerntatbestands	Bisher sah § 290 HGB zwei Konzepte für die Begründung einer Konzernrechnungslegungspflicht vor:
	
	§ 290 Abs. 1 HGB a.F.: Konzept der einheitlichen Leitung
	- Mutterunternehmen übt einheitliche Leitung aus <u>und</u> hält eine Beteiligung nach § 271 Abs. 1 HGB
	
	§ 290 Abs. 2 HGB a.F.: Konzept der tatsächlichen Kontrolle
	- Mutterunternehmen verfügt über
	  o Stimmrechtsmehrheit
	  o Recht zur Bestellung oder Abberufung der Verwaltungs-, Leitungs- oder Aufsichtsorgane
	  o Beherrschungsrecht gemäß Satzung oder Vertrag
		Künftig gilt der einheitliche Tatbestand des beherrschenden Einflusses, der weitgehend dem bisherigen Konzept der tatsächlichen Kontrolle entspricht:
		
		§ 290 Abs. 2 HGB n.F.: Konzept des beherrschenden Einflusses:
		- Mutterunternehmen verfügt über
		  o Stimmrechtsmehrheit
		  o Recht zur Bestellung oder Abberufung der Verwaltungs-, Leitungs- oder Aufsichtsorgane
		  o Beherrschungsrecht gemäß Satzung oder Vertrag
		  o Neu: Übernahme der Mehrheit der Chancen und Risiken eines Unternehmens, das nur zur Erreichung eines eng begrenzten und genau definierten Ziels der Muttergesellschaft gegründet worden ist (Zweckgesellschaft)

	Handelsbilanz nach HGB a.F.	Handelsbilanz nach BilMoG
Abschaffung der Interessenzusammen-führungs-methode	Bisher war bei der Erstkonsolidierung von Unternehmen anstelle der Erwerbsmethode unter bestimmten Voraussetzungen die Interessenzusammenführungs-methode zulässig: **Methoden der Kapitalkonsolidierung:** - **Erwerbsmethode (§ 301 HGB a.F.)** - **Interessenzusammenführungsmethode (§ 302 HGB a.F.)** Die Interessenzusammenführungsmethode konnte angewendet werden, wenn bei einem Unternehmens-zusammenschluss ein Erwerber und ein erworbenes Unternehmen nicht eindeutig identifiziert werden konnten. Während bei der Erwerbsmethode die stillen Reserven des erworbenen Unternehmens aufzudecken sind, werden stille Reserven bei der Interessenzusammenführungs-methode nicht aufgedeckt.	Künftig ist, wie im internationalen Kontext üblich, nur noch die **Erwerbsmethode** zulässig, d.h. auch bei einem „merger of equals" muss ein Erwerber identifiziert werden. Die stillen Reserven des erworbenen Unternehmens müssen aufgedeckt werden (§ 301 HGB n.F.).
Abschaffung der Buchwertmethode	Nach bisherigem Recht waren zwei Verfahren bei der Anwendung der Erwerbsmethode möglich: **Verfahren der Erwerbsmethode (§ 301 Abs. 1 HGB):** - **Buchwertmethode** - **Neubewertungsmethode** Der wesentliche Unterschied zwischen beiden Methoden besteht darin, dass nach der Neubewertungsmethode stets, d.h. auch bei einem Anteilserwerb von weniger als 100%, die vollen stillen Reserven der Beteiligungsgesell-schaft aufzudecken sind. Nach der Buchwertmethode sind stille Reserven bei einem Anteilserwerb von weniger als 100% nur anteilig aufzudecken.	Künftig ist nur noch die **Neubewertungsmethode** erlaubt, d.h. stille Reserven sind auch bei Anteiliserwerben unter 100% stets zu 100% aufzudecken (§ 301 Abs. 1 HGB n.F.).

	Handelsbilanz nach HGB a.F.	Handelsbilanz nach BilMoG
Erstkonsolidie-rungszeitpunkt	Wahlrecht (§ 301 Abs. 2 HGB n.F.) zwischen - Zeitpunkt des Erwerbs - der erstmaligen Einbeziehung oder - Zeitpunkt, zu dem das Unternehmen Tochterunternehmen wurde (bei sukzessivem Erwerb)	Zeitpunkt, zu dem das Unternehmen Tochterunternehmen wurde (§ 301 Abs. 2 HGB n.F.). Bei einem unterjährigen Erwerb erfordert dies grundsätzlich die Aufstellung eines Zwischenabschlusses.
Unterschiedsbeträ-ge aus der Kapital-konsolidierung	Ausweiswahlrecht, (verbleibende) aktive und passive Unterschiedsbeträge aus der Kapitalkonsolidierung sind in der Bilanz zusammenzufassen (§ 301 Abs. 3 HGB a.F.).	Gesonderter Ausweis von (verbleibenden) aktiven und passiven Unterschiedsbeträgen (§ 301 Abs. 3 HGB n.F.).
Eigene Anteile (Rückbeteiligungen)	Eigene Anteile waren bislang im Umlaufvermögen zu aktivieren. Gleichzeitig war eine Rücklage für eigene Anteile zu bilden (§ 301 Abs. 4 HGB a.F.).	Offenes Absetzen der eigenen Anteile vom Eigenkapital (§ 301 Abs. 4 HGB n.F.).
Währungs-umrechnung	Die anzuwendende Methode der Währungsumrechnung war gesetzlich nicht geregelt. In der Regel Wahlrecht zwischen Zeitbezugsmethode und Stichtagskursmethode.	Währungsumrechnung muss nach der modifizierten Stichtagskursmethode erfolgen (§ 308a HGB n.F.).

7.3 Corporate Governance und Abschlussprüfung

Tabelle 11: Überblick über ausgewählte Änderungen zu Corporate Governance und Abschlussprüfung

	Handelsbilanz nach HGB a.F.	Handelsbilanz nach BilMoG
Aufsichtsrats-mitglieder	Keine Regelungen zu persönlichen Voraussetzungen.	Im Aufsichtsrat muss mindestens ein unabhängiges Mitglied mit Sachverstand auf den Gebieten Rechnungslegung / Abschlussprüfung sein (§ 100 Abs. 5 AktG n.F.).
Entsprechens-erklärung	Abweichungen von den Empfehlungen des Deutschen Corporate Governance Kodex sind zu **veröffentlichen** (§ 161 Satz 1 AktG a.F.)	Abweichungen von den Empfehlungen des Deutschen Corporate Governance Kodex sind zu **veröffentlichen und zu begründen** (§ 161 Sätze 1, 2 AktG n.F.)
Internationale Prüfungsstandards	Keine gesetzliche Regelung zur Anwendung von internationalen Prüfungsstandards.	Abschlussprüfungen sind nach den in EU-Recht übernommenen internationalen Prüfungsstandards (ISA) durchzuführen (§ 317 Abs. 5 HGB n.F.).
Übernahme der Ergebnisse von anderen Prüfern	Arbeitsergebnisse von anderen externen Prüfern konnten übernommen werden (§ 317 Abs. 3 Satz 2 HGB a.F.).	Arbeitsergebnisse von anderen externen Prüfern müssen **überprüft werden** (§ 317 Abs. 3 Satz 2 HGB n.F.).
Interne Rotation	Interne Rotation des den Bestätigungsvermerks **unterzeichnenden Wirtschaftsprüfers** (§ 319a Abs. 1 Satz 1 Nr. 4 HGB a.F.).	Interne Rotation des verantwortlichen Prüfungspartners (§ 319a Abs. 1 Satz 1 Nr. 4, Abs. 2 Satz 2 HGB n.F.).

8 Auswirkungen ausgewählter Änderungen auf die Handels- und Steuerbilanz von kleinen und mittleren Unternehmen

Im Folgenden sind die wichtigsten Auswirkungen des BilMoG auf den Einzelabschluss von kleinen und mittleren Unternehmen dargestellt.

8.1 Maßgeblichkeitsprinzip

Einfache Maßgeblichkeit

Das Maßgeblichkeitsprinzip beschreibt den Zusammenhang zwischen Handelsrecht und Steuerrecht. Gemäß § 5 Abs. 1 Satz 1 EStG sind in der Steuerbilanz die Werte anzusetzen, die sich nach den handelsrechtlichen Grundsätzen ordnungsgemäßer Buchführung ergeben. Demnach sind die handelsrechtlichen Wertansätze grundsätzlich für die Steuerbilanz bindend, sofern nicht eine spezielle steuerliche Vorschrift ein Abweichen von dem Maßgeblichkeitsgrundsatz gebietet. Steuerliche Vorschriften, die gegebenenfalls ein Abweichen von Handels- und Steuerbilanz erfordern, sind neben vielen anderen zum Beispiel:

- Verbot der degressiven Abschreibung in der Steuerbilanz (§ 7 Abs. 1 Satz 1 EStG; für Anschaffungen in 2009 und 2010 gemäß § 7 Abs. 2 EStG suspendiert)
- Abschreibung des derivativen Firmenwertes über eine fiktive Nutzungsdauer von 15 Jahren (§ 7 Abs. 1 Satz 3 EStG)
- Gebäudeabschreibung über die fiktiven Nutzungsdauern des § 7 Abs. 4 EStG
  - o 33 Jahre für Gebäude, die zu einem Betriebsvermögen gehören und nicht Wohnzwecken dienen und für die der Bauantrag nach dem 31.3.1985 gestellt worden ist,
  - o 40 Jahre für andere Gebäude, die nach dem 31.12.1924 fertig gestellt worden sind,
  - o 50 Jahre für die übrigen, vor dem 1.1.1925 fertig gestellten Gebäude.
- Verbot der Rückstellung für drohende Verluste aus schwebenden Geschäften (§ 5 Abs. 4a EStG),

- Aktivierungsverbot für immaterielle Wirtschaftsgüter des Anlagevermögens, die entgeltlich erworben wurden (§ 5 Abs. 2 EStG),
- Abzinsungsgebot für Rückstellungen (§ 6 Abs. 1 Nr. 3a Buchst. e EStG).

Das Prinzip der Maßgeblichkeit bleibt nach dem BilMoG erhalten. Allerdings wird § 5 Abs. 1 Satz 1 EStG um einen Zusatz ergänzt, wonach von der handelsrechtlichen Bilanzierung nicht nur abgewichen werden darf, wenn eine zwingende steuerliche Vorschrift dies erfordert, sondern auch im Rahmen der Ausübung eines steuerlichen Wahlrechts. Nach bisheriger Rechtslage kamen steuerliche Wahlrechte im Ergebnis nicht zum Tragen, wenn der handelsrechtliche Wertansatz auch steuerlich zumindest zulässig war. Wichtigstes Beispiel in der Praxis war die Teilwertabschreibung:

Beim Umlaufvermögen musste handelsrechtlich auf den niedrigeren beizulegenden Wert abgeschrieben werden, beim Anlagevermögen musste zumindest bei dauernder Wertminderung auf den niedrigeren beizulegenden Wert abgeschrieben werden (§ 253 HGB). Steuerlich bestand zwar gemäß § 6 Abs. 1 Nr. 1, 2 EStG formal ein Wahlrecht. Dieses wurde jedoch durch den Grundsatz der Maßgeblichkeit der Handelsbilanz für die Steuerbilanz faktisch zu einer Abschreibungspflicht.

<u>Umgekehrte Maßgeblichkeit</u>

Der in § 5 Abs. 1 Satz 2 EStG a.F. statuierte Grundsatz der umgekehrten Maßgeblichkeit wird aufgehoben. Die Ausübung steuerlicher Wahlrechte ist somit nicht mehr an die Voraussetzung einer korrespondierenden handelsrechtlichen Bilanzierung geknüpft. Damit sind auch sämtliche Öffnungsklauseln im HGB, die bisher die Ausübung steuerlicher Wahlrechte auch in der Handelsbilanz erlaubten, überflüssig und werden aufgehoben. Dies betrifft die bisherigen §§ 247 Abs. 3, 254, 273, 279 Abs. 2, 280, 281 sowie 285 Satz 1 Nr. 5 HGB.

Insbesondere die nachstehenden steuerlichen Wahlrechte dürfen künftig in der Handelsbilanz nicht mehr ausgeübt werden:

- Reinvestitionsrücklage gemäß § 6b Abs. 3 EStG zur Übertragung stiller Reserven bei Veräußerung bestimmter Anlagegüter
- Rücklage für Ersatzbeschaffung gemäß R 6.6 Abs. 4 EStR
- Investitionsabzugsbetrag und steuerliche Sonderabschreibung gemäß § 7g EStG

- Erhöhte Absetzungen bei Gebäuden in Sanierungsgebieten und städtebaulichen Entwicklungsbereichen (§ 7h EStG)
- Erhöhte Absetzungen bei Baudenkmalen (§ 7i EStG)
- Teilwertabschreibung bei dauerhafter Wertminderung im Anlagevermögen
gemäß § 6 Abs. 1 Nr. 1 S. 2 EStG

Erfordernis laufend zu führender Verzeichnisse

Die Neufassung des § 5 Abs. 1 S. 2 EStG lautet künftig wie folgt:

„Voraussetzung für die Ausübung steuerlicher Wahlrechte ist, dass die Wirtschafts-
güter, die nicht mit dem handelsrechtlich maßgeblichen Wert in der steuerlichen
Gewinnermittlung ausgewiesen werden, in besondere, laufend zu führende Verzeich-
nisse aufgenommen werden. In den Verzeichnissen sind der Tag der Anschaffung oder
Herstellung, die Anschaffungs- oder Herstellungskosten, die Vorschrift des ausgeübten
steuerlichen Wahlrechts und die vorgenommenen Abschreibungen nachzuweisen."

Die Inanspruchnahme der steuerlichen Vergünstigungen der §§ 6b, 7g, 7h, 7i EStG ist
somit weiterhin möglich. Sollen diese steuerlichen Wahlrechte geltend gemacht
werden, so führt dies jedoch künftig zu einer Abweichung der Steuerbilanz von der
Handelsbilanz. Zudem sind die Wirtschaftsgüter in besonders zu führende Verzeichnisse, d.h. in ein eigenständiges steuerliches Anlagenverzeichnis aufzunehmen, das
zusätzlich zum handelsrechtlichen Anlagenverzeichnis zu führen ist. Der Zeitaufwand
bei der Erstellung des Jahresabschlusses bzw. der Steuererklärung wird dement-
sprechend höher.

Die Abschaffung der umgekehrten Maßgeblichkeit führt zu einem weiteren
Auseinanderdriften von Handels- und Steuerbilanz. Mit dem Verzicht der Übernahme
steuerlicher Wertansätze wird die Informationsfunktion des handelsrechtlichen Jahresabschlusses allerdings aufgewertet. Weiterhin führen die umfangreichen Abweichungen gegebenenfalls zu einem höheren Ausweis latenter Steuern.

Bisher in der HGB-Bilanz gebildete Sonderabschreibungen bzw. steuerliche Sonder-
posten können gemäß Art. 67 Abs. 4 bzw. Abs. 3 EGHGB n.F. entweder beibehalten
und fortgeführt werden oder aufgelöst und unmittelbar in die Gewinnrücklagen eingestellt werden. Die zweite Alternative führt demnach zu einer erfolgsneutralen

Behandlung, wobei die Einstellung in die Gewinnrücklage im Falle der Sonderabschreibungen nach § 254 und § 279 Abs. 2 HGB, die im letzten vor dem 1. Januar 2010 begonnenen Geschäftsjahr vorgenommen wurden, nicht möglich ist.

8.2 Wirtschaftliche Zurechnung

Wirtschaftliche Zurechung von Vermögensgegenständen

Bisher regelte § 246 Abs. 1 Satz 2 und 3 HGB a.F. die bilanzmäßige Berücksichtigung von Vermögensgegenständen, die unter Eigentumsvorbehalt erworben wurden. In der Praxis wurde bislang daraus das Prinzip der wirtschaftlichen Betrachtungsweise beim Auseinanderfallen von rechtlichem und wirtschaftlichem Eigentum abgeleitet.

§ 246 Abs. 1 Satz 2 HGB n.F. lautet künftig wie folgt:

„Vermögensgegenstände sind in die Bilanz des Eigentümers aufzunehmen; ist ein Vermögensgegenstand nicht dem Eigentümer, sondern einem anderen wirtschaftlich zuzurechnen, hat dieser ihn in seiner Bilanz auszuweisen."

Wirtschaftlicher Eigentümer ist derjenige, der die wesentlichen Chancen und Risiken trägt, die aus dem bilanzierenden Vermögensgegenstand erwachsen. Die Neufassung des § 246 Abs. 1 HGB dient im Kern der Klarstellung der bisherigen Bilanzierungspraxis. So heißt es im Regierungsentwurf:

„Mit § 246 Abs. 1 Satz 2 HGB ergeben sich keine Veränderungen des bisherigen Rechtszustandes. Die von der Rechtsprechung schon erarbeiteten Beurteilungskriterien behalten ebenso Bedeutung, wie beispielsweise die steuerlichen Leasingerlasse, die die wirtschaftliche Zurechnung inhaltlich ausfüllen."

§ 246 Abs. 1 Satz 2 HGB n.F. entspricht inhaltlich dem im Steuerrecht relevanten § 39 AO. Eine Bilanzierung bei einer anderen Person als dem (zivilrechtlichen) Eigentümer kann es wie bisher insbesondere in folgenden Fällen geben:

- Lieferung unter Eigentumsvorbehalt
- Sicherungsübereignung eines Gegenstandes
- Sicherungsabtretung einer Forderung

- Leasingverhältnisse, wenn der Leasingvertrag so ausgestaltet ist, dass der Leasingnehmer als wirtschaftlicher Eigentümer anzusehen ist (vgl. BMF-Schreiben vom 19. April 1971 und 21. März 1972)
- Factoring, wenn der Forderungsverkäufer weiterhin das Ausfallrisiko trägt.

Wirtschaftliche Zurechung von Schulden

Gemäß § 246 Abs. 1 Satz 3 HGB n.F. sind Schulden beim Schuldner zu bilanzieren. Das Prinzip der wirtschaftlichen Zurechnung von Schulden wird wie bisher insbesondere durch das Vorsichtsprinzip stark eingeschränkt. Sobald eine rechtliche Verpflichtung besteht, muss diese als Verbindlichkeit oder Rückstellung ausgewiesen werden.

§ 246 Abs. 1 Satz 2 und 3 HGB n.F. ist für Geschäftsjahre, die nach dem 31. Dezember 2009 beginnen, verpflichtend anzuwenden. Praktische Auswirkungen auf die Handels- und Steuerbilanz ergeben sich aus § 246 Abs. 1 Satz 2 und 3 HGB n.F. in der Regel nicht.

8.3 Verrechnung von Vermögensgegenständen und Schulden

Das bisherige Verbot, Aktivposten mit Passivposten zu verrechnen, wird durch eine Ergänzung des § 246 Abs. 2 HGB durchbrochen.

§ 246 Abs. 2 HGB n.F. lautet wie folgt:

„Vermögensgegenstände, die dem Zugriff aller Gläubiger entzogen sind und ausschließlich der Erfüllung von Schulden aus Altersversorgungsverpflichtungen oder vergleichbaren langfristig fälligen Verpflichtungen dienen, sind mit diesen Schulden zu verrechnen; entsprechend ist mit den Aufwendungen und Erträgen aus der Abzinsung und aus dem zu verrechnenden Vermögen zu verfahren. Übersteigt der beizulegende Zeitwert der Vermögensgegenstände den Betrag der Schulden, ist der übersteigende Betrag unter einem gesonderten Posten zu aktivieren."

Durch die Vorschrift erfolgt eine Annäherung an die internationalen Rechnungslegungsstandards. Nach IAS 19.54 kann ebenfalls eine Verrechnung von Altersversorgungsverpflichtungen mit Planvermögen beim Ausweis der Pensionsrückstellungen erfolgen. Planvermögen sind Vermögensgegenstände, die dem Zugriff aller übrigen Gläubiger entzogen sind und ausschließlich der Erfüllung von Schulden aus Altersversorgungsverpflichtungen dienen, insbesondere Forderungen aus Rückdeckungsversicherungen. Die zu verrechnenden Vermögensgegenstände des Planvermögens sind nach § 253 Abs. 1 Satz 4 HGB n.F. mit dem beizulegenden Zeitwert zu bewerten, d.h. nicht realisierte Gewinne sind gegebenenfalls aufzudecken.

Falls der beizulegende Zeitwert der zu verrechnenden Vermögensgegenstände den Wert der Schulden übersteigt, ist der übersteigende Betrag unter einem gesonderten Bilanzposten zu aktivieren. Für diesen Betrag gilt nach § 268 Abs. 8 HGB n.F. eine Ausschüttungssperre, da es sich hierbei nicht um einen Vermögensgegenstand im handelsrechtlichen Sinne handelt, sondern um einen Verrechnungsposten. Die Gliederung der Bilanz wird gemäß § 266 Abs. 2 HGB n.F. um den Posten „E. Aktiver Unterschiedsbetrag aus der Vermögensverrechnung" ergänzt.

Ebenfalls zu verrechnen sind Aufwendungen und Erträge, die aus Altersversorgungsverpflichtungen einerseits und dem Planvermögen andererseits erwachsen.

Voraussetzung für die Verrechnung ist, dass die Vermögensgegenstände dem Zugriff aller übrigen Gläubiger entzogen sind. Demnach können nur unbelastete Vermögensgegenstände zur Verrechnung herangezogen werden. Im Falle einer Insolvenz müssen die Vermögensgegenstände so isoliert sein, dass sie allen Unternehmensgläubigern, mit Ausnahme der Gläubiger der Altersvorsorgeverpflichtungen oder vergleichbaren langfristigen Verpflichtungen, entzogen sind.

§ 246 Abs. 2 HGB n.F. ist erstmals für Geschäftsjahre, die nach dem 31. Dezember 2009 beginnen, verpflichtend anzuwenden.

Steuerrechtlich dürfen nach § 5 Abs. 1a EStG n.F. Aktivposten nicht mit Passivposten verrechnet werden. Bei Verrechnung von Vermögensgegenständen fallen Handels- und Steuerbilanz auseinander. Nach der Regierungsbegründung ist eine Verrechnung für steuerliche Zwecke nicht möglich, da sich ansonsten steuerliche Ansatz- oder Bewertungswahlrechte oder –verbote nicht auswirken könnten. So ist eine Zeitwertbewertung des Planvermögens steuerlich nicht zulässig.

8.4 Immaterielle Vermögensgegenstände

Das bisherige Aktivierungsverbot für selbst geschaffene immaterielle Vermögens-gegenstände des Anlagevermögens nach § 248 Abs. 2 HGB a.f. wird durch das BilMoG teilweise aufgehoben.

§ 248 Abs. 2 HGB wird wie folgt neu gefasst:

„Selbst geschaffene immaterielle Vermögensgegenstände des Anlagevermögens können als Aktivposten in die Bilanz aufgenommen werden. Nicht aufgenommen werden dürfen selbst geschaffene Marken, Drucktitel, Verlagsrechte, Kundenlisten oder vergleichbare immaterielle Vermögensgegenstände des Anlagevermögens."

Demnach besteht zukünftig ein Ansatzwahlrecht für selbst geschaffene immaterielle Vermögensgegenstände des Anlagevermögens, beispielsweise für Patente oder technisches Know How. Die Aufhebung des Verbots ist auf den fortgeschrittenen Wandel von der produktions- zur wissensbasierten Gesellschaft in Deutschland zurück-zuführen. So erhalten insbesondere innovative mittelständische Unternehmen sowie Unternehmen, die am Beginn ihrer wirtschaftlichen Entwicklung stehen, die Möglich-keit, sich nach außen „besser" darzustellen.

Die Aktivierung von Vermögensgegenständen darf nur erfolgen, wenn ein Vermögens-gegenstand im handelsbilanziellen Sinne entsteht. Nach dem deutschen Bilanzrecht liegt ein Vermögensgegenstand vor, wenn das erstellte Gut selbständig verkehrsfähig, also einzelverwertbar, sowie selbständig bewertbar ist. Das Vorliegen der Merkmale des Vermögensgegenstandes ist in jedem Einzelfall zu prüfen.

Nach § 248 Abs. 2 Satz 2 HGB n.F. bleibt die Aktivierung von selbst geschaffenen Marken, Drucktiteln, Verlagsrechten, Kundenlisten und vergleichbaren firmenwert-ähnlichen selbst geschaffenen immateriellen Vermögensgegenständen verboten. Diese eingeschränkte Aufrechterhaltung des bisherigen Aktivierungsverbotes ist darin begründet, dass den genannten selbst geschaffenen immateriellen Vermögens-gegenständen des Anlagevermögens Herstellungskosten in aller Regel nicht zweifelsfrei zugerechnet werden können. Zudem sind diese Vermögensgegenstände typischerweise nicht einzeln bewertbar, da eine Trennung vom Firmenwert kaum möglich ist. Beispielsweise könnte der Aufwand für Werbemaßnahmen ebenso einer

Marke wie dem selbst geschaffenen Geschäftswert- oder Firmenwert zugerechnet werden.

Im Ergebnis unterliegen somit alle selbst geschaffenen immateriellen Vermögensgegenstände des Anlagevermögens, bei denen eine Abgrenzung der Herstellungskosten von den auf den Geschäfts- oder Firmenwert entfallenden Aufwendungen nicht zweifelsfrei möglich ist, weiterhin dem Aktivierungsverbot. Nicht zweifelsfrei zurechenbare Aufwendungen sind danach im Sinne des Vorsichtsprinzips aufwandswirksam zu erfassen.

Bei der Bewertung von selbst geschaffenen immateriellen Vermögensgegenständen des Anlagevermögens muss nach § 255 Abs. 2a HGB n.F. zwischen dem Bereich der Forschung und dem Bereich der Entwicklung differenziert werden. Aktiviert werden dürfen nur Entwicklungskosten.

Nach § 255 Abs. 2a HGB n.F. werden die Begriffe Entwicklung und Forschung wie folgt definiert:

„Entwicklung ist die Anwendung von Forschungsergebnissen oder von anderem Wissen für die Neuentwicklung von Gütern oder Verfahren oder die Weiterentwicklung von Gütern oder Verfahren mittels wesentlicher Änderungen."

Forschung ist die eigenständige und planmäßige Suche nach neuen wissenschaftlichen oder technischen Erkenntnissen oder Erfahrungen allgemeiner Art, über deren technische Verwertbarkeit und wirtschaftliche Erfolgsaussichten grundsätzlich keine Aussage gemacht werden kann."

Ist eine verlässliche Differenzierung von Forschungs- und Entwicklungskosten nicht möglich, so darf nach § 255 Abs. 2a Satz 4 HGB n.F. eine Aktivierung eines selbst geschaffenen immateriellen Vermögensgegenstandes des Anlagevermögens nicht erfolgen.
Die nachfolgende Abbildung verdeutlicht das Vorgehen bei der Unterscheidung von Forschungs- und Entwicklungskosten:

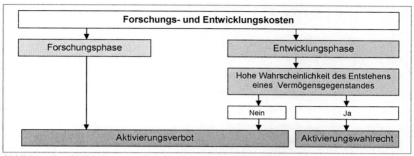

Abbildung 2: Aktivierung von F+E-Kosten, vgl. Hahn, 2009, S. 23

Im Fall einer Aktivierung eines selbst geschaffenen immateriellen Vermögensgegenstandes gilt nach § 268 Abs. 8 HGB n.F. eine Ausschüttungssperre. Mit dieser Vorschrift soll der Gläubigerschutz gewahrt und eine Anhebung des Informationsniveaus erreicht werden. In der Bilanz sind selbst geschaffene immaterielle Vermögensgegenstände des Anlagevermögens gemäß § 266 Abs. 2 HGB n.F. innerhalb der Immateriellen Vermögensgegenstände separat unter dem neu eingefügten Posten I.1. „Selbst geschaffene gewerbliche Schutzrechte und ähnliche Rechte und Werte" auszuweisen.

Die Vorschriften zur Aktivierung von selbst geschaffenen immateriellen Vermögensgegenständen des Anlagevermögens sind nach Art. 66 Abs. 3 Satz 1 EGHGB erstmals für Geschäftsjahre, die nach dem 31. Dezember 2009 beginnen, verpflichtend anzuwenden, wobei die §§ 248 Abs. 2 und 255 Abs. 2a HGB n.F. gemäß Art. 66 Abs. 7 EGHGB nur auf diejenigen selbst geschaffenen immateriellen Vermögensgegenstände des Anlagevermögens Anwendung finden, mit deren Entwicklung nach dem 31. Dezember 2009 begonnen wird.

In der Steuerbilanz ergeben sich aus den §§ 248 Abs. 2 und 255 Abs. 2a HGB n.F. keine Auswirkungen. Steuerlich sind wegen § 5 Abs. 2 EStG weiterhin nur entgeltlich erworbene immaterielle Vermögensgegenstände zu aktivieren. In der Praxis fallen somit bei Inanspruchnahme des Wahlrechts der Aktivierung von selbst geschaffenen immateriellen Vermögensgegenständen des Anlagevermögens Handels- und Steuerbilanz auseinander, so dass auch hier gegebenenfalls latente Steuern zu berücksichtigen sind.

8.5 Geschäfts- oder Firmenwert

Bisher bestand für den derivativen (entgeltlich erworbenen) Geschäfts- oder Firmenwert ein Aktivierungswahlrecht. Dieses Wahlrecht entfällt künftig durch die Streichung des § 255 Abs. 4 HGB. Der derivative Geschäfts- oder Firmenwert ist vielmehr gemäß § 246 Abs. 1 Satz 4 HGB n.F. als zeitlich begrenzt nutzbarer Vermögensgegenstand zwingend zu aktivieren. Hingegen darf ein selbst geschaffener (originärer) Geschäfts- oder Firmenwert nach § 248 Abs. 2 HGB nach wie vor nicht aktiviert werden.

Der entgeltlich erworbene Geschäfts- oder Firmenwert ist entsprechend § 253 HGB planmäßig oder gegebenenfalls außerplanmäßig abzuschreiben. Für die planmäßige Abschreibung muss die individuelle betriebliche Nutzungsdauer des Geschäfts- oder Firmenwertes, die zum Zeitpunkt der Aktivierung zu schätzen ist, zugrunde gelegt werden. Dabei sind beispielsweise die Art und die voraussichtliche Bestandsdauer des erworbenen Unternehmens, die Besonderheiten der jeweiligen Branche, der Lebenszyklus der Produkte, die wirtschaftlichen Rahmenbedingungen, die Laufzeit wichtiger Absatz- oder Beschaffungsverträge, die Mitarbeiterbindung oder das erwartete Verhalten potentieller Wettbewerber entscheidende Merkmale. Die bislang nach § 255 Abs. 4 HGB ebenfalls zulässige pauschale Abschreibung von 25% p.a. entfällt.

Soll der derivative Firmenwert über einen Zeitraum von mehr als fünf Jahren planmäßig abgeschrieben werden, muss im Anhang dargelegt werden, aus welchen Gründen der Firmenwert über einen Zeitraum von mehr als fünf Jahren genutzt werden kann (§ 285 Nr. 13 HGB n.F.).

Die Vorschriften sind erstmals für Geschäftsjahre verpflichtend anzuwenden, die nach dem 31. Dezember 2009 beginnen, wobei die §§ 246 Abs. 1 Satz 4 und 253 HGB gemäß Art. 66 Abs. 3 Satz 2 EGHGB erstmals auf Erwerbsvorgänge Anwendung finden, die nach dem 31. Dezember 2009 erfolgen.

Steuerrechtlich sieht das BilMoG hinsichtlich des Firmenwertes keine Änderung vor. Nach § 7 Abs. 1 Satz 3 EStG ist der entgeltlich erworbene Geschäfts- oder Firmenwert über eine fiktive Nutzungsdauer von 15 Jahren abzuschreiben. Unterschiede im Wertansatz von Handels- und Steuerbilanz können sich aufgrund verschiedener Ansätze im Bezug auf die Nutzungsdauer ergeben. Bei unterschiedlichen Wertansätzen kann es zum Ansatz von latenten Steuern kommen.

Mit der Einführung der Aktivierungspflicht für einen entgeltlich erworbenen Geschäfts-oder Firmenwert soll eine Verbesserung der Aussagekraft des handelsrechtlichen Jahresabschlusses und der Vergleichbarkeit mit anderen Unternehmen erreicht werden.

8.6 Herstellungskosten

Herstellungskosten sind nach § 252 Abs. 2 Satz 1 HGB Aufwendungen, die durch den Verbrauch von Gütern und die Inanspruchnahme von Diensten für die Herstellung eines Vermögensgegenstandes, seine Erweiterung oder für eine über seinen ursprünglichen Zustand hinausgehende wesentliche Verbesserung entstehen. Danach sind neben der erstmaligen Herstellung von Vermögensgegenständen auch nachträgliche Herstellungskosten, die bei einer wesentlichen Erweiterung oder Verbesserung anfallen, einzubeziehen. In der Praxis erweist sich die Abgrenzung von den nachträglichen Herstellungskosten zum sofort aufwandwirksamen Erhaltungsaufwand oftmals als schwierig.

Bislang ist in § 255 Abs. 2 und 3 HGB a.F. der Umfang der zu aktivierenden Herstellungskosten geregelt. Aufgrund von Ansatzwahlrechten gibt es eine Wertunter- und eine Wertobergrenze für die Herstellungskosten. Materialeinzelkosten, Fertigungseinzelkosten und Sondereinzelkosten der Fertigung bilden die Wertuntergrenze. Materialgemeinkosten, Fertigungsgemeinkosten, Kosten für die allgemeine Verwaltung, freiwillige soziale Leistungen und für betriebliche Altersversorgung sowie Fremdkapitalzinsen, die auf den Zeitraum der Herstellung entfallen, dürfen zusätzlich als Herstellungskosten angesetzt werden, woraus sich die Wertobergrenze ergibt. Ein Aktivierungsverbot besteht für Vertriebskosten sowie kalkulatorische Kosten. Steuerrechtlich bilden nach R 6.3 Abs. 1 bis 3 EStR Materialeinzelkosten, Fertigungseinzelkosten, Materialgemeinkosten sowie Fertigungsgemeinkosten die Wertuntergrenze. Als Herstellungskosten dürfen Kosten für die allgemeine Verwaltung, freiwillige soziale Leistungen und für betriebliche Altersversorgung und Fremdkapitalzinsen, die auf den Zeitraum der Herstellung entfallen, angesetzt werden.

Handelsbilanz	Herstellungskosten	Steuerbilanz
Pflicht	Materialeinzelkosten	Pflicht
	Fertigungseinzelkosten	
	Sondereinzelkosten der Fertigung	
Wahlrecht	Materialgemeinkosten	
	Fertigungsgemeinkosten	
	Verwaltungsgemeinkosten	Wahlrecht
	Sozialgemeinkosten	
	Fremdkapitalzinsen (Zeitraum der Fertigung)	
Verbot	Gemeinkosten, soweit unangemessen oder nicht auf die Herstellung entfallend	Verbot
	Vertriebskosten	
	Kalkulatorische Kosten	

Abbildung 3:   Herstellungskosten – Handelsbilanz nach HGB a.F. im Vergleich zur Steuerbilanz

Nach dem BilMoG erfolgt eine Angleichung der handelsrechtlichen Wertunter- und Wertobergrenze an die steuerrechtliche Wertunter- und Wertobergrenze. Damit entspricht die neue Herstellungskostendefinition den internationalen Rechnungslegungsstandards nach IAS 2 und es wird eine bessere Vergleichbarkeit von handelsrechtlichen Jahresabschlüssen erreicht. Außerdem ist in § 255 Abs. 2 Satz 4 HGB n.F. das bislang geltende Aktivierungsverbot von Forschungskosten klarstellend explizit geregelt worden. Forschungskosten gehören nicht zu den Herstellungskosten.

Die neuen Vorschriften zu den Herstellungskosten sind erstmals für Geschäftsjahre, die nach dem 31. Dezember 2009 beginnen, verpflichtend anzuwenden, wobei § 255 Abs. 2 und 3 HGB n.F. gemäß Art. 66 Abs. 3 Satz 3 EGHGB nur auf Herstellungsvorgänge Anwendung findet, die nach dem 31. Dezember 2009 begonnen werden.

Handelsbilanz	Herstellungskosten	Steuerbilanz
Pflicht	Materialeinzelkosten	Pflicht
	Fertigungseinzelkosten	
	Sondereinzelkosten der Fertigung	
	Materialgemeinkosten	
	Fertigungsgemeinkosten	
Wahlrecht	Verwaltungsgemeinkosten	Wahlrecht
	Sozialgemeinkosten	
	Fremdkapitalzinsen (Zeitraum der Fertigung)	
Verbot	Gemeinkosten, soweit unangemessen oder nicht auf die Herstellung entfallend	Verbot
	Vertriebskosten	
	Forschungskosten	
	Kalkulatorische Kosten	

Abbildung 4: Herstellungskosten – Handelsbilanz nach HGB n.F. im Vergleich mit Steuerbilanz

In der Praxis wird die neue Definition der handelsrechtlichen Herstellungskosten in den meisten Fällen zu keiner Änderung führen, da die Herstellungskosten insbesondere bei kleinen und mittleren Unternehmen bislang regelmäßig auch in der Handelsbilanz mit der steuerlichen Wertuntergrenze bewertet wurden, um einen Gleichlauf von Handelsbilanz und Steuerbilanz sicherzustellen.

Fraglich ist, ob die Wahlrechte bei den Herstellungskosten künftig in Handels- und Steuerbilanz einheitlich ausgeübt werden müssen. Nach der hier vertretenen Ansicht kommt ein Auseinanderfallen von Handels- und Steuerbilanz bei den Herstellungskosten wegen des Maßgeblichkeitsgrundsatzes nicht in Betracht. Die Steuerbilanz kann nach dem eindeutigen Wortlaut des § 5 Abs. 1 EStG n.F. nur bei Ausübung eines steuerlichen Wahlrechts von der Handelsbilanz abweichen. Die Wahlrechte bei den Herstellungskosten sind aber keine steuerlichen, sondern handelsrechtliche Wahlrechte. Die handelsrechtliche Ausübung der Wahlrechte schlägt somit auf die Steuerbilanz durch.

8.7 Außerplanmäßige Abschreibung

Bislang waren außerplanmäßige Abschreibungen von Vermögensgegenständen des Anlagevermögens und des Umlaufvermögens nach § 253 Abs. 2 und 3 HGB a.F. vorzunehmen, um die Vermögensgegenstände mit dem niedrigeren beizulegenden Wert anzusetzen. Die Vorschriften des § 253 Abs. 2, 3 HGB sind Ausfluss des Vorsichtsprinzips und des daraus abgeleiteten Niederstwertprinzips nach § 252 Abs. 1 Nr. 4 HGB. Danach sind Verluste zu berücksichtigen, auch wenn sie noch nicht realisiert sind.

Tabelle 12:   Übersicht – außerplanmäßige Abschreibung nach
§ 253 Abs. 2 und 3 HGB a.F.

	Nicht-KapGes	KapGes
Umlaufvermögen Börsen- /Marktpreis oder beizulegender Wert am Abschlussstichtag < Buchwert	Pflicht	Pflicht
Anlagevermögen voraussichtlich dauerhafte Wertminderung	Pflicht	Pflicht
Anlagevermögen voraussichtlich vorübergehende Wertminderung	Wahlrecht	Verbot Ausnahme: Finanzanlagen (Wahlrecht)

Nach dem BilMoG wird das Verbot der außerplanmäßigen Abschreibung bei vorüber-gehender Wertminderung des Anlagevermögens auch auf Nicht-Kapitalgesellschaften, d.h. auf alle Kaufleute, ausgedehnt. Für Finanzanlagen des Anlagevermögens bleibt das Abschreibungswahlrecht gemäß § 253 Abs. 3 Satz 4 HGB n.F. weiterhin bestehen.

Bei Wegfall des Grundes für die Wertminderung gilt künftig ein striktes Wertauf-holungsgebot gemäß § 253 Abs. 5 Satz 1 HGB n.F. Bislang galt gemäß § 253 Abs. 5 HGB a.F. für Nicht-Kapitalgesellschaften ein Wertaufholungswahlrecht und nur für Kapitalgesellschaften ein Wertaufholungsgebot. Für den Geschäfts- oder Firmenwert bleibt es allerdings in jedem Fall bei einem Wertaufholungsverbot (§ 253 Abs. 5 Satz 2 HGB n.F.).

Die Vorschriften sind erstmals für Geschäftsjahre, die nach dem 31. Dezember 2009 beginnen, verpflichtend anzuwenden.

Zukünftig ergeben sich für Kapitalgesellschaften bezüglich dieser Vorschrift keine Änderungen. Durch die Neuregelungen erfolgt eine Annäherung an die IFRS (IAS 36).

Damit wird eine bessere Vergleichbarkeit von handelsrechtlichen Bilanzen erreicht. Die Neuregelung führt außerdem zu einer Annäherung an die steuerlichen Vorschriften. Nach § 6 Abs. 1 Nr. 1 Satz 2, Nr. 2 Satz 2 EStG sind Teilwertabschreibungen nur aufgrund dauerhafter Wertminderungen möglich. Nach § 6 Abs. 1 Nr. 1 Satz 4 und Nr. 2 Satz 3 EStG gilt steuerlich bereits nach altem Recht ein striktes Wertaufholungsgebot.

Bei unterschiedlichen Wertansätzen in Handels- und Steuerbilanz sind gegebenenfalls latente Steuern zu berücksichtigen.

Tabelle 13: **Übersicht – außerplanmäßige Abschreibung nach § 253 Abs. 2 und 3 HGB n.F.**

	Nicht-KapGes und KapGes
Umlaufvermögen Börsen- /Marktpreis oder beizulegender Wert am Abschlussstichtag < Buchwert	**Pflicht**
Anlagevermögen voraussichtlich dauerhafte Wertminderung	**Pflicht**
Anlagevermögen voraussichtlich vorübergehende Wertminderung	**Verbot** Ausnahme: Finanzanlagen (Wahlrecht)

Weiterhin wird das in § 253 Abs. 4 HGB a.F. kodifizierte Wahlrecht für außerplanmäßige Abschreibungen im Rahmen vernünftiger kaufmännischer Beurteilung aufgehoben. Dieses Wahlrecht konnte bislang von Nicht-Kapitalgesellschaften angewendet werden, um stille Reserven zu bilden. Steuerlich waren diese Abschreibungen bislang ohnehin nicht möglich, so dass sich in dieser Hinsicht keine Auswirkungen ergeben. Die Streichung des § 253 Abs. 4 HGB ist erstmals für Geschäftsjahre, die nach dem 31. Dezember 2009 beginnen, verpflichtend anzuwenden.

8.8 Rückstellungen

<u>Aufwandsrückstellungen</u>

Im Rahmen des BilMoG wird § 249 Abs. 1 Satz 3 und Abs. 2 HGB a.F. gestrichen. Danach entfallen zukünftig die dort festgeschriebenen Rückstellungswahlrechte:

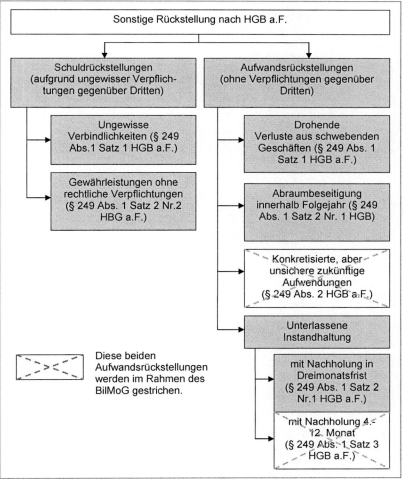

Abbildung 5: Sonstige Rückstellungen - Aufhebung § 249 Abs. 1 Satz 3 und Abs. 2 HGB a.F. vgl. Hahn, 2009, S. 44

Das bislang bestehende Passivierungswahlrecht von Rückstellungen für unterlassene Instandhaltung gemäß § 249 Abs. 1 Satz 3 HGB a.F., die innerhalb des vierten bis zwölften Monat des folgenden Geschäftsjahres nachgeholt werden, sowie von Aufwandsrückstellungen gemäß § 249 Abs.2 HGB, wenn zukünftige Aufwendungen konkretisiert und wahrscheinlich oder sicher, aber hinsichtlich ihrer Höhe oder des Zeitpunktes ihres Eintritts unbestimmt sind, wird durch ein Passivierungsverbot ersetzt. Es erfolgt eine Annäherung an die internationalen Rechnungslegungsstandards, da Aufwandsrückstellungen nach IAS 37 ebenfalls nicht zulässig sind. Damit wird das Informationsniveau von handelsrechtlichen Jahresabschlüssen gestärkt, denn wirtschaftlich betrachtet haben Aufwandsrückstellungen eher Rücklagencharakter. Der Ausweis von Aufwandsrückstellungen führt daher zu einer für den Abschlussadressaten irreführenden Darstellung der Vermögens- und Ertragslage. Nach diesem Gedanken müssten allerdings auch Aufwandsrückstellungen für unterlassene Instandhaltung bei Nachholung innerhalb von drei Monaten des folgenden Geschäftsjahres gestrichen werden.

Ebenfalls erfolgt eine Annäherung an steuerliche Vorschriften, da handelsrechtliche Passivierungswahlrechte nach der Rechtsprechung des BFH steuerlich zu Passivierungsverboten führen. Die bislang wahlweise anzusetzenden Rückstellungen durften daher in der Steuerbilanz ohnehin nicht angesetzt werden.

Die Vorschrift ist erstmals für Geschäftsjahre, die nach dem 31. Dezember 2009 beginnen, verpflichtend anzuwenden. Gemäß Art. 67 Abs. 3 Satz 2 EGHGB können bereits bestehende Aufwandsrückstellungen unter Anwendung der für sie geltenden Vorschriften vollständig oder teilweise beibehalten oder zu Gunsten der Gewinnrücklagen erfolgsneutral aufgelöst werden. Die erfolgsneutrale Einstellung in die Gewinnrücklagen gilt nicht für Rückstellungen, die im letzten vor dem 1. Januar 2010 beginnenden Geschäftsjahr gebildet wurden.

Bewertung von Rückstellungen

Die bisherige Bewertung von Rückstellungen ist gemäß § 253 Abs. 1 Satz 2 HGB a.F. durch das Stichtagsprinzip geprägt und erfolgt zum „Rückzahlungsbetrag". Künftige Preis- und Kostensteigerungen sind demnach nicht in die Bewertung von Rückstellungen einzubeziehen. Zudem gibt es bislang lediglich ein eingeschränktes Abzinsungswahlrecht. Danach dürfen Rückstellungen für Verpflichtungen abgezinst werden, sofern sie einen Zinsanteil enthalten.

Nach der Neuregelung sind Rückstellungen nach § 253 Abs. 1 Satz 2 HGB n.F. in Höhe des nach vernünftiger kaufmännischer Beurteilung notwendigen Erfüllungsbetrages anzusetzen. Danach sind die Preis- und Kostenverhältnisse zum Zeitpunkt des voraussichtlichen Anfalls maßgebend. Die Rückstellungsbewertung ist damit künftig zukunftsorientiert; künftige Preis- und Kostensteigerungen sind bei der Bewertung von Rückstellungen zu berücksichtigen.

Nach § 253 Abs. 2 Satz 1 HGB n.F. sind Rückstellungen mit einer (Rest-)Laufzeit von mehr als einem Jahr abzuzinsen. Grundlage ist der durchschnittliche Marktzinssatz der vergangenen sieben Jahre unter Berücksichtigung der Restlaufzeit der Rückstellung. Die Deutsche Bundesbank ermittelt gemäß § 253 Abs. 2 Satz 4 HGB n.F. die Zinssätze und gibt diese monatlich auf ihren Internetseiten bekannt. Bei Rückstellungen für laufende Pensionen oder Anwartschaften auf Pensionen darf aus Vereinfachungsgründen nach § 253 Abs. 2 Satz 2 HGB pauschal mit dem durchschnittlichen Marktzinssatz, der sich bei einer angenommenen Restlaufzeit von 15 Jahren ergibt, abgezinst werden. Die aus der Abzinsung entstehenden Zinsaufwendungen bzw. Zinserträge sind gemäß § 277 Abs. 5 Satz 1 HGB n.F. in der Gewinn- und Verlustrechnung im Finanzergebnis innerhalb der Posten „Zinsen und ähnliche Aufwendungen" bzw. „Sonstige Zinsen und ähnliche Erträge" auszuweisen.

Nach Art. 66 Abs. 3 Satz 1 EGHGB sind Vorschriften zur Rückstellungsbewertung erstmals verpflichtend auf Geschäftsjahre anzuwenden, die nach dem 31. Dezember 2009 beginnen. Art. 67 Abs. 1 Satz 1 EGHGB sieht eine Übergangzeit von 15 Jahren vor. Insbesondere bei den langfristigen Rückstellungen für Pensionen oder Anwartschaften auf Pensionen kann es nach den neuen Bewertungsvorschriften zu ganz erheblichen Zuführungen zu den Rückstellungen kommen. Der Zuführungsbetrag ist bis spätestens zum 31. Dezember 2024 in jedem Geschäftsjahr zu mindestens einem Fünfzehntel anzusammeln. Ist andererseits aufgrund der neuen Bewertungsvorschriften eine Auflösung der Rückstellung notwendig, darf diese nach Art. 67 Abs. 1 Satz 2 bis 4 EGHGB beibehalten werden, soweit der aufzulösende Betrag bis spätestens 31. Dezember 2024 der Rückstellung wieder zugeführt wird.

Die Neuregelung führt zu Abweichungen von Handels- und Steuerbilanz. Gemäß § 6 Abs.1 Nr. 3a Buchstabe e EStG werden Rückstellungen für Verpflichtungen mit einer Laufzeit von mehr als einem Jahr in der Steuerbilanz mit einem festen Zinssatz von 5,5 % abgezinst. Für Pensionsrückstellungen gilt gemäß § 6a Abs. 3 Satz 3 EStG ein Abzinsungssatz von 6 %. In § 6 Abs. 1 Nr. 3a Buchstabe f EStG n.F. wird klargestellt, dass künftige Preis- und Kostensteigerungen steuerrechtlich nicht zu berücksichtigen sind. Aufgrund der unterschiedlichen Bewertungen von Rückstellungen in Handels- und Steuerbilanz entstehen Differenzen und damit gegebenenfalls auch latente Steuern. Insbesondere bei Pensionsrückstellungen wird es ganz erhebliche Unterschiede zwischen Handels- und Steuerbilanz geben.

8.9 Latente Steuern

Latente Steuern entstehen aufgrund von Abweichungen zwischen der Handelsbilanz und der Steuerbilanz eines Unternehmens. Bislang erfolgte die Ermittlung der latenten Steuern gemäß § 274 HGB a.F. nach dem GuV-basierten Timing-Konzept. Danach werden nur Differenzen zwischen Handels- und Steuerbilanz erfasst, die ergebniswirksam gebildet werden („timing differences"). Hingegen sind dauerhafte Differenzen („permanent differences") nicht zu berücksichtigen. Dauerhafte Differenzen ergeben sich beispielsweise aus nicht abziehbaren Betriebsausgaben oder steuerfreien Erträgen in der Steuerbilanz. Die handelsrechtliche Behandlung von quasi-permanenten Differenzen, die hinsichtlich des Zeitpunktes ihres Ausgleichs nicht vorhersehbar sind, ist bislang umstritten.

Die folgende Abbildung verdeutlicht, in welchen Fällen aktive bzw. passive latente Steuern nach altem Recht entstehen. Gemäß dem auf dem Vorsichtsprinzip beruhenden § 274 Abs. 1 HGB a.F. müssen Kapitalgesellschaften passive latente Steuern bilden, während für die Berücksichtigung aktiver latenter Steuern nach § 274 Abs. 2 HGB a.F. ein Wahlrecht besteht.

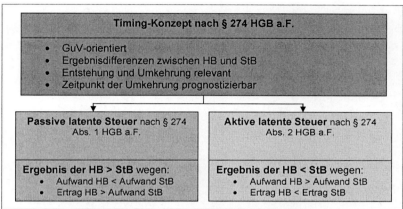

Abbildung 6: Latente Steuern – Timing-Konzept § 274 HGB a.F.

Nach § 274 HGB n.F. erfolgt die Ermittlung der latenten Steuern zukünftig nach dem international gebräuchlicheren und auch nach IFRS (IAS 12) vorgesehenen bilanzorientierten Temporary-Konzept. Danach ist jede Bilanzierungs- und Bewertungsdifferenz zwischen Handels- und Steuerbilanz einzubeziehen, auch wenn diese erfolgsneutral entstanden ist. Da erfolgsneutrale Erfassungen von Wertänderungen in der handelsrechtlichen Einzelbilanz gegenwärtig die Ausnahme sind, resultieren aus dem Übergang von Timing-Konzept auf das Temporary-Konzept insoweit zumeist keine Auswirkungen. Jede Bewertungsdifferenz führt regelmäßig auch zu einer Ergebnisdifferenz. In Ausnahmefällen sieht das deutsche Bilanzrecht aber auch erfolgsneutrale Wertänderungen vor, z.B. als Übergangsvorschrift bei der Anpassung an geänderte handelsrechtliche Vorschriften, z.B. erfolgsneutrale Zuführung zu Rückstellungen gemäß Art. 67 EGHGB. Nach dem neuen Temporary-Konzept sind auch in diesem Fall latente Steuern zu bilden, nach dem bisherigen Timing-Konzept käme eine Bildung latenter Steuern nicht in Betracht.

Des Weiteren werden künftig neben den „timing differences" auch quasi-permanente Differenzen berücksichtigt, z.B. Bewertungsunterschiede im Grund und Boden, die sich grundsätzlich erst bei einer künftigen Veräußerung realisieren. Permanente Differenzen sind hingegen auch nach dem Temporary-Konzept nicht einbeziehungsfähig.

Darüber hinaus müssen nach § 274 Abs. 1 Satz 4 HGB n.F. bei der Berechnung der aktiven latenten Steuern künftig auch Verlustvorträge berücksichtigt werden, wenn sich diese wahrscheinlich in den folgenden fünf Geschäftsjahren steuermindernd auswirken werden. Dies ist durch eine Prognoserechnung abzuschätzen.

Die folgende Abbildung veranschaulicht, in welchen Fällen nach dem Temporary-Konzept aktive und passive latente Steuern entstehen.

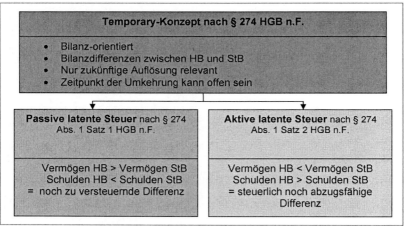

Abbildung 7: Latente Steuern – Temporary-Konzept § 274 HGB n.F.

Unverändert bleibt es für Kapitalgesellschaften bei einem **Aktivierungswahlrecht** und einer **Passivierungspflicht** für latente Steuern. Gemäß § 274 Abs.1 Satz 3 HGB n.F. können aktive und passive latente Steuern unverrechnet angegeben werden, eine Saldierung ist aber ebenfalls möglich. Ein ausgewiesener bilanzieller Aktivüberhang führt nach § 268 Abs. 8 Satz 2 HGB n.F. zu einer **Ausschüttungssperre**.

Bei der Berechnung der latenten Steuern sind gemäß § 274 Abs. 2 Satz 1 HGB n.F. die unternehmensindividuellen Steuersätze zum Zeitpunkt der Umkehrung der zeitlichen Differenz maßgebend. Sind diese nicht bekannt, sind die am Bilanzstichtag gültigen individuellen Steuersätze anzuwenden.

Latente Steuern müssen aufgelöst werden, sobald die Steuerbe- oder -entlastung eintritt oder mit ihr nicht mehr zu rechnen ist. Erträge und Aufwendungen aus der Auflösung der latenten Steuern sind unter der Maßgabe von § 274 Abs. 2 Satz 3 HGB n.F. innerhalb des Postens „Steuern vom Einkommen und Ertrag" gesondert auszuweisen.

§ 274 HGB n.F. ist erstmals für Geschäftsjahre, die nach dem 31. Dezember 2009 beginnen, verpflichtend anzuwenden. Nach § 274a Nr. 5 HGB n.F. sind **kleine Kapitalgesellschaften** von der Anwendung des § 274 HGB n. F. befreit.

Durch das BilMoG mehren sich die Sachverhalte in der Praxis, die zu passiven latenten Steuern führen, insbesondere durch den Wegfall der umgekehrten Maßgeblichkeit oder der Aktivierung von selbst geschaffenen immateriellen Vermögensgegenständen. In der folgenden Tabelle sind die künftig wichtigsten Anwendungsfälle für aktive und passive latente Steuern aufgelistet.

Tabelle 14:   Beispiele zu latenten Steuern

Beispiele für aktive latente Steuern	Beispiele für passive latente Steuern
• außerplanmäßige Abschreibung auf Finanzanlagen bei nur vorübergehender Wertminderung, die steuerlich untersagt ist • degressive Abschreibung von Anlagevermögen in der Handelsbilanz, lineare Abschreibung in der Steuerbilanz • Disagio in der Handelsbilanz sofort als Aufwand, in Steuerbilanz Aktivierungspflicht • Ansatz einer Rückstellung für drohende Verluste in der Handelsbilanz, in Steuerbilanz Verbot • Höherer Ansatz für Pensionsverpflichtungen in der Handelsbilanz im Vergleich zur Steuerbilanz • Geschäfts- oder Firmenwert wird in Handelsbilanz schneller als über 15 Jahre abgeschrieben	• Aktivierung selbst geschaffener immaterieller Vermögensgegenstände in der Handelsbilanz • Auflösung eines steuerlich gebildeten Sonderpostens mit Rücklagenanteil in der Handelsbilanz • Steuerlich zulässige Sonderabschreibungen, die in der Handelsbilanz nach dem BilMoG nicht mehr nachvollzogen werden dürfen (aufgrund des Wegfalls der umgekehrten Maßgeblichkeit)

8.10 Abkehr von der Einheitsbilanz

Durch das BilMoG werden in Zukunft die Handels- und Steuerbilanz immer weiter voneinander abweichen mit der Folge, dass die Berücksichtigung von latenten Steuern zunimmt. In der kleineren Steuerkanzlei war es bisher möglich und üblich, für die meisten Mandanten Einheitsbilanzen aufzustellen. Infolge des Wegfalls der umgekehrten Maßgeblichkeit sowie der zunehmenden Zahl von Durchbrechungen der Maßgeblichkeit entstehen künftig aber zunehmend Unterschiede zwischen der Handelsbilanz und der Steuerbilanz. Insbesondere bei folgenden Bilanzposten kommt es nach dem BilMoG zu neuen Unterschieden zwischen Handelsbilanz und Steuerbilanz:

- Selbst geschaffene immaterielle Vermögensgegenstände
    - HB: Ansatzwahlrecht unter bestimmten Voraussetzungen
    - StB: Ansatzverbot
- Entgeltlich erworbener Geschäfts- oder Firmenwert
    - HB: Abschreibung über unternehmensindividuelle Nutzungsdauer
    - StB: Abschreibung über fiktive Nutzungsdauer von 15 Jahren
- Pensionsrückstellungen
    - Höhe des Abzinsungssatzes
        - HB: Marktzins nach Vorgabe der Deutschen Bundesbank
        - StB: 6 %
    - Saldierung von Pensionsverpflichtungen mit Planvermögen
        - HB: Pflicht in bestimmten Fällen
        - StB: Verbot
- Sonstige Rückstellungen
    - Berücksichtigung von Preis- und Kostenverhältnissen
        - HB: Pflicht
        - StB: Verbot
    - Abzinsung von Rückstellungen mit Laufzeit > 1 Jahr
        - HB: Marktzins nach Vorgabe der Deutschen Bundesbank
        - StB: 5,5 %

- Wegfall der umgekehrten Maßgeblichkeit
  - o Erhöhte Absetzungen für Gebäude in Sanierungsgebieten und städtebaulichen Entwicklungsbereichen und bei Baudenkmalen
    - HB: Verbot
    - StB: Wahlrecht
  - o Sonderabschreibungen nach § 7g EStG
    - HB: Verbot
    - StB: Wahlrecht
  - o Rücklage für Ersatzbeschaffung nach § 6b EStG
    - HB: Verbot
    - StB: Wahlrecht

Für kleine und mittlere Unternehmen werden sich Abweichungen zwischen Handelsbilanz und Steuerbilanz insbesondere bei Sonderabschreibungen und der Rücklage für Ersatzbeschaffungen ergeben. Auch die Inanspruchnahme des Wahlrechts zur Aktivierung von selbst geschaffenen immateriellen Vermögensgegenständen kann im Einzelfall als bilanzpolitisches Instrument zu erwägen sein, um die Darstellung der wirtschaftlichen Lage des Unternehmens nach außen zu verbessern.

Für Kapitalgesellschaften (ausgenommen kleine Kapitalgesellschaften im Sinne von § 267 HGB) ist bei Abweichungen zwischen Handelsbilanz und Steuerbilanz zudem zu beachten, dass passive latente Steuern zu bilden sind und aktive latente Steuern gebildet werden dürfen. Bei der Inanspruchnahme von Sonderabschreibungen in der Steuerbilanz (z.B. nach § 7g EStG) ist somit bei mittelgroßen und großen Kapitalgesellschaften zwingend eine passive latente Steuer zu bilden.

Zu beachten ist zudem, dass auch das Ansatzwahlrecht von aktiven latenten Steuern eine interessante bilanzpolitische Möglichkeit bietet, da sich durch die Aktivierung latenter Steuern die Außendarstellung verbessert. Daher kann es in vielen Fällen bedenkenswert sein, auf die Befreiung zur Bildung von aktiven latenten Steuern zu verzichten.

9 Fallstudie zur praktischen Umsetzung des BilMoG

Im Folgenden werden einige wesentliche Änderungen durch das BilMoG anhand einer Fallstudie verdeutlicht.

<u>Sachverhalt:</u>

Die Testholz GmbH plant den Übergang auf das BilMoG und möchte dabei bilanzpolitische Möglichkeiten untersuchen, die das BilMoG im Zeitpunkt der erstmaligen Anwendung des neuen Rechts bietet. Dafür wird zunächst auf Basis von Planzahlen der HGB-Abschluss zum 31. Dezember 2010 nach den Vorschriften des HGB <u>alter Fassung</u> erstellt:

Testholz GmbH, Bilanz zum 31.12.2010 in Euro					
Aktiva					**Passiva**
A.	**Anlagevermögen**		**A.**	**Eigenkapital**	
I.	Immaterielle VG	50.000	I.	Gezeichnetes Kap.	200.000
II.	Sachanlagen		II.	Gewinnrücklage	300.000
1.	Technische Anlagen und Maschinen	700.000	III.	Gewinnvortrag	50.000
2.	BGA	200.000	IV.	Jahresüberschuss	0
B.	**Umlaufvermögen**		**B.**	**Rückstellungen**	
I.	Vorräte		1.	Sonstige Rückstell.	100.000
1.	Roh-, Hilfs- und Betriebsstoffe	450.000	**C.**	**Verbindlichkeiten**	
2.	Unfertige Erzeugnisse	1.000.000	1.	Verbindlich. gegen Kreditinstitute	2.000.000
II.	Forderungen a. L.L.	500.000	2.	Verbindlich. a. L.L.	350.000
III.	Kasse, Bank	100.000			
Bilanzsumme		**3.000.000**	**Bilanzsumme**		**3.000.000**

Abbildung 8: Handelsbilanz der Testholz-GmbH zum 31.12.2010 nach HGB a.F.

Es ist nun die Handelsbilanz zum 31. Dezember 2010 unter Beachtung der Rechnungslegungsvorschriften nach dem BilMoG zu erstellen.

Erläuterungen zu den einzelnen Bilanzpositionen, die für die Umstellung auf das BilMoG notwendig sind:

(1) Immaterielle Vermögensgegenstände

Zusätzlich zu den ausgewiesenen immateriellen Vermögensgegenständen hat die Testholz-GmbH eine patentierte Erfindung gemacht. Diese wird seit dem 1. Juli 2010 genutzt. Die Nutzungsdauer beträgt voraussichtlich zehn Jahre. Es wird ein linearer Nutzungsverlauf unterstellt. Vom 1. Januar 2010 bis zum 30. Juni 2010 sind folgende Aufwendungen angefallen:

- Gehälter für die Entwickler: 200.000 Euro
- Materialien für die Entwicklung: 150.000 Euro
- Externe Dienstleistung: 100.000 Euro
- Kosten der Patentanmeldung: 50.000 Euro

Es wird davon ausgegangen, dass die Nachweise für die Aktivierung von immateriellen Vermögenswerten erbracht sind, d.h. es handelt sich um Entwicklungskosten, nicht um Kosten für Grundlagenforschung.

(2) Technische Anlagen und Maschinen

Für die Anschaffung einer Maschine am 9. Januar 2009 in Höhe von 500.000 Euro wurden in 2009 Sonderabschreibungen nach § 7g EStG in Höhe von 100.000 Euro in Anspruch genommen. Bei einer Nutzungsdauer von zehn Jahren und einer linearen Abschreibung beträgt der handelsbilanzielle und steuerliche Restbuchwert der Maschine nach altem Recht 320.000 Euro zum 31. Dezember 2010.

Bei den anderen Maschinen und Anlagen wurden keine steuerlichen Wahlrechte in Anspruch genommen, so dass sich für diese ein Buchwert von 380.000 Euro zum 31. Dezember 2010 ergibt.

(3) Sonstige Rückstellungen

Die Rückstellungen in Höhe von 100.000 Euro setzen sich wie folgt zusammen:

- **Rückstellung für die Generalüberholung** der Maschinen in Höhe von 75.000 Euro: Die Generalüberholung ist zum 31. Dezember 2012 nach einer Betriebsdauer von 4 Jahren fällig und wird voraussichtlich zu Ausgaben von 150.000 Euro führen. Steuerrechtlich sind Aufwandsrückstellungen für Generalüberholungen nicht passivierungsfähig.

- **Rückstellung für den Rückbau von vorgenommenen Einbauten:** Die Testholz-GmbH hat zum 9. Januar 2009 umfangreiche Einbauten (ausgewiesen unter „Betriebs- und Geschäftsausstattung") in den gepachteten Geschäftsräumen vorgenommen. Der Mietvertrag läuft bis zum 31. Dezember 2016. Die Testholz-GmbH hat sich zum Rückbau der Einbauten verpflichtet. Die Rückbaukosten betragen schätzungsweise 100.000 Euro nach den Wertverhältnissen zum 31. Dezember 2010. In der Handelsbilanz wurde eine Rückstellung von 100.000 Euro passiviert. Der Abzinsungssatz nach § 253 Abs. 2 HGB n.F. betrage 5 %. Die jährliche Inflationsrate wird auf 3 % p.a. geschätzt. Steuerrechtlich wird wegen des Ansammlungsgebots in § 6 Abs. 1 Nr. 3a Buchst. d) EStG nur ein Betrag von 25.000 Euro (2/8 von 100.000 Euro) berücksichtigt. Wegen des steuerlichen Abzinsungsgebots für langfristige Rückstellungen wird der Betrag von 25.000 Euro zudem mit einem Zinssatz von 5,5 % über 6 Perioden abgezinst.

Anpassungen zu den einzelnen Bilanzpositionen, die für die Umstellung auf das BilMoG zum 1. Januar 2010 notwendig sind:

(1) Immaterielle Vermögensgegenstände

Das BilMoG ist erstmals für Geschäftsjahre, die nach dem 31. Dezember 2009 beginnen, anzuwenden. Dann besteht für selbst geschaffene immaterielle Vermögensgegenstände gemäß § 248 Abs. 2 Satz 1 HGB n.F. ein Aktivierungswahlrecht. Die Bewertung erfolgt nach § 255 Abs. 2a HGB n.F. zu Herstellungskosten (= Entwicklungskosten). Eine Aktivierung von selbst geschaffenen immateriellen Vermögensgegenständen ist möglich, wenn mit dem Projekt nach dem 31. Dezember 2009 begonnen wurde (Art. 66 Abs. 7 EGHGB n.F.). Dies ist im vorliegenden Fall gegeben.

Sofern sich die Testholz-GmbH entscheidet, die selbst geschaffenen immateriellen Vermögensgegenstände zu aktivieren, ergibt sich folgender Bilanzansatz zum 31. Dezember 2010:

Entwicklungskosten vom 01.01.2010 bis 30.06.2010	500.000 Euro
- planmäßige Abschreibung	25.000 Euro
Bilanzansatz zum 31.12.2010	475.000 Euro

Die Abschreibung ergibt sich aus der Nutzungsdauer von zehn Jahren und dem Nutzungsbeginn ab dem 1. Juli 2010 wie folgt:

500.000 Euro /10 Jahre * 6/12 (Nutzung in 2010 für 6 Monate) = 25.000 Euro

Buchung bei Aktivierung der selbst geschaffenen immateriellen Vermögensgegenstände:

Immaterielle VG	an	andere aktivierte Eigenleistungen	500.000 Euro
Abschreibungen	an	Immaterielle VG	25.000 Euro

(2) Technische Anlagen und Maschinen

Nach Art. 67 Abs. 3 und 4 EGHGB können die bisher in der Handelsbilanz gebildeten steuerlichen Sonderabschreibungen entweder beibehalten und fortgeführt werden oder erfolgsneutral aufgelöst und unmittelbar in die Gewinnrücklage eingestellt werden. Im vorliegenden Fall ist eine erfolgsneutrale Auflösung allerdings nicht möglich, da die Sonderabschreibung im letzten vor dem 1. Januar 2010 begonnenen Geschäftsjahr vorgenommen wurde.

Bei Auflösung der in 2009 vorgenommenen steuerlichen Sonderabschreibung ist in 2010 eine erfolgswirksame Zuschreibung von 80.000 Euro vorzunehmen:

Anschaffungskosten 09.01.2009   500.000 Euro

<u>- kumulierte Abschreibung für 2009 und 2010</u>   <u>100.000 Euro</u>

= fortgeführte AK zum 31.12.2010   400.000 Euro

<u>- Restbuchwert in HB/StB per 31.12.2010</u>   <u>320.000 Euro</u>

= erfolgswirksame Zuschreibung zum 31.12.2010   80.000 Euro

Buchung:

    Maschinen   an   Erträge aus Zuschreibung   80.000 Euro

(3) Sonstige Rückstellungen

- **Rückstellung für die Generalüberholung** der Maschinen in Höhe von 75.000 Euro: Es handelt sich um eine Aufwandsrückstellung gemäß § 249 Abs. 2 HGB a.f., die nach dem BilMoG nicht mehr zulässig ist.

Bisher gebildete Aufwandsrückstellungen können gemäß Art. 67 Abs. 3 Satz 1 EGHGB n.F. entweder beibehalten und fortgeführt werden oder aufgelöst und erfolgsneutral in die Gewinnrücklagen eingestellt werden. Es ist jedoch zu beachten, dass Beträge, die im letzten vor dem 1. Januar 2010 beginnenden Geschäftsjahr in die Aufwandsrückstellungen nach altem Recht zugeführt wurden, gemäß Art. 67 Abs. 3 Satz 2 EGHGB n.F. nicht in die Gewinnrücklagen eingestellt werden dürfen, sondern bei einer Auflösung erfolgswirksam behandelt werden müssen.

Wenn sich die Testholz-GmbH für eine Auflösung der Aufwandsrückstellung entscheidet, ist zum 31. Dezember 2010 wie folgt zu buchen:

Sonstige Rückstellungen   an   Aufwand aus Zuführung zu
                                 Rückstellungen   37.500 Euro

                                 Ertrag aus Auflösung von
                                 Rückstellungen   37.500 Euro

- **Rückstellung für den Rückbau von vorgenommenen Einbauten:**
  Gemäß § 253 Abs. 1 Satz 2 HGB n.F. sind Rückstellungen in der Höhe des nach vernünftiger kaufmännischer Beurteilung notwendigen Erfüllungsbetrages

anzusetzen. Demnach sind künftige Preis- und Kostensteigerungen zu berücksichtigen. Die Rückstellung ist demnach wie folgt zu berechnen:

$$\frac{100.000\ \text{Euro} \cdot 1{,}03^6}{1{,}05^6} = 89.102\ \text{Euro}$$

In der Handelsbilanz per 31. Dezember 2010 ist die Rückstellung für den Rückbau bislang mit 100.000 Euro ausgewiesen. Beim Übergang auf das BilMoG ergibt sich somit ein bewertungsbedingter Unterschied in Höhe von 10.898 Euro. Das BilMoG enthält im Bereich der Bewertung sonstiger Rückstellungen keinerlei Übergangsvorschriften, so dass eine erfolgsneutrale Anpassung gegen die Gewinnrücklagen ausscheidet.

Demnach ist die bereits erfolgte Rückstellungsbildung 2010 wie folgt zu korrigieren:

Sonstige Rückstellung	an	Ertrag aus Auflösung von Rückstellungen	10.898 Euro

(4) Latente Steuern

Die Steuerbilanz weicht in folgenden Positionen von der Handelsbilanz zum 31. Dezember 2010 ab:

- Ein Ansatz **selbst erstellter immaterieller Vermögensgegenstände** ist in der Steuerbilanz nicht möglich (§ 5 Abs. 2 EStG). In der Steuerbilanz ergibt sich somit ein um 475.000 Euro niedrigeres Vermögen.

- In der Handelsbilanz ist die **steuerliche Sonderabschreibung** in Höhe von 80.000 Euro aufgelöst worden. In der Steuerbilanz wird somit ein um 80.000 Euro niedrigeres Vermögen ausgewiesen.

- Die Rückstellung für die Generalüberholung der Maschine ist als **Aufwandsrückstellung** weder in der Handelsbilanz noch in der Steuerbilanz zulässig. Ein Abweichen zwischen Handelsbilanz und Steuerbilanz ist insoweit nach dem BilMoG nicht mehr zu beachten.

- Bei der **Rückstellung für den Rückbau von vorgenommenen Einbauten** ist in der Steuerbilanz zu beachten, dass eine Ansammlung der Rückstellung vorgenommen werden muss (§ 6 Abs. 1 Nr. 3a Buchst. d EStG). Wegen des steuerlichen Abzinsungsgebots für langfristige Rückstellungen (§ 6 Abs. 1 Nr. 3 EStG) ist der Betrag von 25.000 Euro zudem zu einem Zinssatz von 5,5 % über 6 Perioden abzuzinsen. Es ergibt sich ein steuerlicher Wertansatz von 18.131 Euro und somit ein im Vergleich zum Handelsrecht (89.102 Euro) um 70.971 Euro höheres Vermögen.

Für die Ermittlung latenter Steuern wird ein Steuersatz von 30% angenommen (Körperschaftsteuer, Solidaritätszuschlag und Gewerbesteuer).

Tabelle 15:   **Ermittlung latenter Steuern**

	Wert-ansatz HB	Wert-ansatz StB	Differenz	aktive latente Steuer	passive latente Steuer
Immaterielle VG	475.000	0	475.000	-	142.500
Technische Anlagen	400.000	320.000	80.000	-	24.000
Rückstellung Rückbauverpflichtung	- 89.102	- 18.131	- 70.971	21.291	-
Summe				21.291	166.500

Da sich ein **Überhang passiver latenter Steuern** ergibt, besteht eine Bilanzierungspflicht (für kleine Kapitalgesellschaften: Bilanzierungswahlrecht). Bei Ausweis sowohl aktiver als auch passiver latenter Steuern (Verzicht auf Verrechnung), sind folgende Buchungen erforderlich:

Aktive latente Steuern	an	Steuerertrag	21.291 Euro
Steueraufwand	an	Passive latente Steuern	166.500 Euro

Damit ergibt sich folgende Handelsbilanz für die Testholz GmbH zum 31. Dezember 2010 nach neuem Recht:

Testholz GmbH, Bilanz zum 31.12.2010 in Euro					
Aktiva				**Passiva**	
A.	**Anlagevermögen**		**A.**	**Eigenkapital**	
I.	Immaterielle VG	525.000	I.	Gezeichnetes Kap.	200.000
II.	Sachanlagen		II.	Gewinnrücklage	300.000
1.	Technische Anlagen und Maschinen	780.000	III.	Gewinnvortrag	50.000
2.	BGA	200.000	IV.	Jahresüberschuss	495.689
B.	**Umlaufvermögen**		**B.**	**Rückstellungen**	
I.	Vorräte		1.	Sonstige Rückstell.	14.102
1.	Roh-, Hilfs- und Betriebsstoffe	450.000	**C.**	**Verbindlichkeiten**	
2.	Unfertige Erzeugnisse	1.000.000	1.	Verbindlich. gegen Kreditinstitute	2.000.000
II.	Forderungen a. L.L.	500.000	2.	Verbindlich. a. L.L.	350.000
III.	Kasse, Bank	100.000	**D.**	**Passive latente Steuern**	166.500
C.	**Akt. latente Steuern**	21.291			
Bilanzsumme		**3.576.291**	**Bilanzsumme**		**3.576.291**

Abbildung 9: Handelsbilanz der Testholz-GmbH zum 31.12.2010 nach HGB n.F.

10 Fazit / Ausblick

Mit dem BilMoG wird es keinen Paradigmenwechsel geben. Das prinzipienorientierte deutsche Bilanzrecht bleibt weitestgehend erhalten. Der Wegfall der umgekehrten Maßgeblichkeit nach § 5 Abs. 1 Satz 2 a.f. stellt die steuerlich bedeutsamste Änderung des BilMoG dar. Steuer- und Handelsbilanz werden künftig immer häufiger auseinander fallen, so dass das Aufstellen von Einheitsbilanzen in den meisten Fällen nicht mehr möglich sein wird.

Durch das BilMoG soll die Aussagefähigkeit des handelsrechtlichen Jahresabschlusses verbessert werden. Dafür ist jedoch ein weitgehend wahlrechtsfreies Rechnungslegungssystem notwendig. Auf der einen Seite wurden zwar viele Wahlrechte aufgehoben (z.B. Aufwandsrückstellungen), auf der anderen Seite wurden aber auch neue geschaffen (z.B. selbst erstellte immaterielle Vermögensgegenstände). Zudem sind teilweise Ermessensspielräume gewachsen, insbesondere im Bereich der selbst geschaffenen immateriellen Vermögensgegenstände. So kann es konservative (Vorsichtsprinzip) und progressive (stark in Richtung IFRS tendierende) Auslegungsmöglichkeiten geben. Außerdem werden vor allem in der Übergangszeit die Abschlüsse nur beschränkt vergleichbar sein.

Die Annäherung an die internationalen Rechnungslegungsvorschriften ist mit dem BilMoG in großem Umfang gelungen. Die einzelnen Änderungen zeigen eine klare Orientierung der handelsrechtlichen Rechnungslegung an den IFRS. Offen bleibt jedoch, ob die seit Jahrzehnten größte deutsche Bilanzrechtsreform mittel- oder langfristig eine nationale und kostengünstigere Alternative zu den IFRS darstellen wird, oder ob es sich nur um einen Zwischenschritt auf dem Weg zur Übernahme der IFRS handelt. Fraglich ist weiterhin, ob die konkrete Umsetzung der Fülle an Neuregelungen im Rechnungslegungsalltag problemlos erfolgen wird.

Anhang: Gesetzesmaterialien

Auszug aus dem HGB nach der Änderung durch das BilMoG

(§§ 241a – 256a, § 266, § 267, § 274 HGB)

Änderungen **fettgedruckt**.

§ 241a   **Befreiung von der Pflicht zur Buchführung und Erstellung eines Inventars**

Einzelkaufleute, die an den Abschlussstichtagen von zwei aufeinander folgenden Geschäftsjahren nicht mehr als 500 000 Euro Umsatzerlöse und 50 000 Euro Jahresüberschuss aufweisen, brauchen die §§ 238 bis 241 nicht anzuwenden. Im Fall der Neugründung treten die Rechtsfolgen schon ein, wenn die Werte des Satzes 1 am ersten Abschlussstichtag nach der Neugründung nicht überschritten werden.

§ 242   Pflicht zur Aufstellung

(1)   Der Kaufmann hat zu Beginn seines Handelsgewerbes und für den Schluss eines jeden Geschäftsjahres einen das Verhältnis seines Vermögens und seiner Schulden darstellenden Abschluss (Eröffnungsbilanz, Bilanz) aufzustellen. Auf die Eröffnungsbilanz sind die für den Jahresabschluss geltenden Vorschriften entsprechend anzuwenden, soweit sie sich auf die Bilanz beziehen.

(2)   Er hat für den Schluss eines jeden Geschäftsjahrs eine Gegenüberstellung der Aufwendungen und Erträge des Geschäftsjahrs (Gewinn- und Verlustrechnung) aufzustellen.

(3)   Die Bilanz und die Gewinn- und Verlustrechnung bilden den Jahresabschluss.

(4)   **Die Absätze 1 bis 3 sind auf Einzelkaufleute im Sinn des § 241a nicht anzuwenden. Im Fall der Neugründung treten die Rechtsfolgen nach Satz 1 schon ein, wenn die Werte des § 241a Satz 1 am ersten Abschlussstichtag nach der Neugründung nicht überschritten werden.**

§ 243   Aufstellungsgrundsatz

(1)   Der Jahresabschluss ist nach den Grundsätzen ordnungsmäßiger Buchführung aufzustellen.

(2)   Er muss klar und übersichtlich sein.

(3) Der Jahresabschluss ist innerhalb der einem ordnungsmäßigen Geschäftsgang entsprechenden Zeit aufzustellen.

§ 244   Sprache; Währungseinheit

Der Jahresabschluss ist in deutscher Sprache und in Euro aufzustellen.

§ 245   Unterzeichnung

Der Jahresabschluss ist vom Kaufmann unter Angabe des Datums zu unterzeichnen. Sind mehrere persönlich haftende Gesellschafter vorhanden, so haben sie alle zu unterzeichnen.

§ 246   Vollständigkeit; Verrechnungsverbot

(1) Der Jahresabschluss hat sämtliche Vermögensgegenstände, Schulden, Rechnungsabgrenzungsposten sowie Aufwendungen und Erträge zu enthalten, soweit gesetzlich nichts anderes bestimmt ist. **Vermögensgegenstände sind in der Bilanz des Eigentümers aufzunehmen; ist ein Vermögensgegenstand nicht dem Eigentümer, sondern einem anderen wirtschaftlich zuzurechnen, hat dieser ihn in seiner Bilanz auszuweisen. Schulden sind in die Bilanz des Schuldners aufzunehmen. Der Unterschiedsbetrag, um den die für die Übernahme eines Unternehmens bewirkte Gegenleistung den Wert der einzelnen Vermögensgegenstände des Unternehmens abzüglich der Schulden im Zeitpunkt der Übernahme übersteigt (entgeltlich erworbener Geschäfts- oder Firmenwert), gilt als zeitlich begrenzt nutzbarer Vermögensgegenstand.**

(2) Posten der Aktivseite dürfen nicht mit Posten der Passivseite, Aufwendungen nicht mit Erträgen, Grundstücksrechte nicht mit Grundstückslasten verrechnet werden. **Vermögensgegenstände, die dem Zugriff aller übrigen Gläubiger entzogen sind und ausschließlich der Erfüllung von Schulden aus Altersversorgungsverpflichtungen oder vergleichbaren langfristig fälligen Verpflichtungen dienen, sind mit diesen Schulden zu verrechnen; entsprechend ist mit den zugehörigen Aufwendungen und Erträgen aus der Abzinsung und aus dem zu verrechnenden Vermögen zu verfahren. Übersteigt der beizulegende Zeitwert der Vermögensgegenstände den Betrag der Schulden, ist der übersteigende Betrag unter einem gesonderten Posten zu aktivieren.**

(3) **Die auf den vorhergehenden Jahresabschluss angewandten Ansatzmethoden sind beizubehalten. § 252 Abs. 2 ist entsprechend anzuwenden.**

§ 247   Inhalt der Bilanz

(1)   In der Bilanz sind das Anlage- und das Umlaufvermögen, das Eigenkapital, die Schulden sowie die Rechnungsabgrenzungsposten gesondert auszuweisen und hinreichend aufzugliedern.

(2)   Beim Anlagevermögen sind nur die Gegenstände auszuweisen, die bestimmt sind, dauernd dem Geschäftsbetrieb zu dienen.

(3)   (aufgehoben)

§ 248   Bilanzierungsverbote und –wahlrechte

(1)   In die Bilanz dürfen nicht als Aktivposten aufgenommen werden

  1. Aufwendungen für die Gründung eines Unternehmens,
  2. Aufwendungen für die Beschaffung von Eigenkapital und
  3. Aufwendungen für den Abschluss von Versicherungsverträgen.

(2)   Selbst geschaffene immaterielle Vermögensgegenstände des Anlagevermögens können als Aktivposten in die Bilanz aufgenommen werden. Nicht aufgenommen werden dürfen selbst geschaffene Marken, Drucktitel, Verlagsrechte, Kundenlisten oder vergleichbare immaterielle Vermögensgegenstände des Anlagevermögens.

§ 249   Rückstellungen

(1)   Rückstellungen sind für ungewisse Verbindlichkeiten und für drohende Verluste aus schwebenden Geschäften zu bilden. Ferner sind Rückstellungen zu bilden für

  1. im Geschäftsjahr unterlassene Aufwendungen für Instandhaltung, die im folgenden Geschäftsjahr innerhalb von drei Monaten, oder für Abraumbeseitigung, die im folgenden Geschäftsjahr nachgeholt werden,
  2. Gewährleistungen, die ohne rechtliche Verpflichtung erbracht werden.

(Satz 3 aufgehoben)

(2)   Für andere als die in Absatz 1 bezeichneten Zwecke dürfen Rückstellungen nicht gebildet werden. Rückstellungen dürfen nur aufgelöst werden, soweit der Grund hierfür entfallen ist.

(3)   (aufgehoben)

§ 250 Rechnungsabgrenzungsposten

(1) Als Rechnungsabgrenzungsposten sind auf der Aktivseite Ausgaben vor dem Abschlussstichtag auszuweisen, soweit sie Aufwand für eine bestimmte Zeit nach diesem Tag darstellen. **(Satz 2 aufgehoben)**

(2) Auf der Passivseite sind als Rechnungsabgrenzungsposten Einnahmen vor dem Abschlussstichtag auszuweisen, soweit sie Ertrag für eine bestimmte Zeit nach diesem Tag darstellen.

(3) Ist der **Erfüllungsbetrag** einer Verbindlichkeit höher als der Ausgabebetrag, so darf der Unterschiedsbetrag in den Rechnungsabgrenzungsposten auf der Aktivseite aufgenommen werden. Der Unterschiedsbetrag ist durch planmäßige jährliche Abschreibungen zu tilgen, die auf die gesamte Laufzeit der Verbindlichkeit verteilt werden können.

§ 251 Haftungsverhältnisse

Unter der Bilanz sind, sofern sie nicht auf der Passivseite auszuweisen sind, Verbindlichkeiten aus der Begebung und Übertragung von Wechseln, aus Bürgschaften, Wechsel- und Scheckbürgschaften und aus Gewährleistungsverträgen sowie Haftungsverhältnisse aus der Bestellung von Sicherheiten für fremde Verbindlichkeiten zu vermerken; sie dürfen in einem Betrag angegeben werden. Haftungsverhältnisse sind auch anzugeben, wenn ihnen gleichwertige Rückgriffsforderungen gegenüberstehen.

§ 252 Allgemeine Bewertungsgrundsätze

(1) Bei der Bewertung der im Jahresabschluss ausgewiesenen Vermögensgegenstände und Schulden gilt insbesondere Folgendes:

1. Die Wertansätze in der Eröffnungsbilanz des Geschäftsjahrs müssen mit denen der Schlussbilanz des vorhergehenden Geschäftsjahrs übereinstimmen.
2. Bei der Bewertung ist von der Fortführung der Unternehmenstätigkeit auszugehen, sofern dem nicht tatsächliche oder rechtliche Gegebenheiten entgegenstehen.
3. Die Vermögensgegenstände und Schulden sind zum Abschlussstichtag einzeln zu bewerten.
4. Es ist vorsichtig zu bewerten, namentlich sind alle vorhersehbaren Risiken und Verluste, die bis zum Abschlussstichtag entstanden sind, zu berücksichtigen, selbst wenn diese erst zwischen dem Abschlussstichtag und dem Tag der Aufstellung des Jahresabschlusses bekannt geworden sind; Gewinne sind nur zu berücksichtigen, wenn sie am Abschlussstichtag realisiert sind.

5. Aufwendungen und Erträge des Geschäftsjahrs sind unabhängig von den Zeitpunkten der entsprechenden Zahlungen im Jahresabschluss zu berücksichtigen.

6. **Die auf den vorhergehenden Jahresabschluss angewandten Bewertungsmethoden sind beizubehalten.**

(2) Von den Grundsätzen des Absatzes 1 darf nur in begründeten Ausnahmefällen abgewichen werden.

§ 253 Zugangs- und Folgebewertung

(1) Vermögensgegenstände sind höchstens mit den Anschaffungs- oder Herstellungskosten, vermindert um die Abschreibungen nach den Absätzen 3 bis 5, anzusetzen. Verbindlichkeiten sind zu ihrem Erfüllungsbetrag und Rückstellungen in Höhe des nach vernünftiger kaufmännischer Beurteilung notwendigen Erfüllungsbetrages anzusetzen. Soweit sich die Höhe von Altersversorgungsverpflichtungen ausschließlich nach dem beizulegenden Zeitwert von Wertpapieren im Sinn des § 266 Abs. 2 A.III.5 bestimmt, sind Rückstellungen hierfür zum beizulegenden Zeitwert dieser Wertpapiere anzusetzen, soweit er einen garantierten Mindestbetrag übersteigt. Nach § 246 Abs. 2 Satz 2 zu verrechnende Vermögensgegenstände sind mit ihrem beizulegenden Zeitwert zu bewerten.

(2) Rückstellungen mit einer Restlaufzeit von mehr als einem Jahr sind mit dem ihrer Restlaufzeit entsprechenden durchschnittlichen Marktzinssatz der vergangenen sieben Geschäftsjahre abzuzinsen. Abweichend von Satz 1 dürfen Rückstellungen für Altersversorgungsverpflichtungen oder vergleichbare langfristig fällige Verpflichtungen pauschal mit dem durchschnittlichen Marktzinssatz abgezinst werden, der sich bei einer angenommenen Restlaufzeit von 15 Jahren ergibt. Die Sätze 1 und 2 gelten entsprechend für auf Rentenverpflichtungen beruhende Verbindlichkeiten, für die eine Gegenleistung nicht mehr zu erwarten ist. Der nach den Sätzen 1 und 2 anzuwendende Abzinsungszinssatz wird von der Deutschen Bundesbank nach Maßgabe einer Rechtsverordnung ermittelt und monatlich bekannt gegeben. In der Rechtsverordnung nach Satz 4, die nicht der Zustimmung des Bundesrates bedarf, bestimmt das Bundesministerium der Justiz im Benehmen mit der Deutschen Bundesbank das Nähere zur Ermittlung der Abzinsungszinssätze, insbesondere die Ermittlungsmethodik und deren Grundlagen, sowie die Form der Bekanntgabe.

(3) Bei Vermögensgegenständen des Anlagevermögens, deren Nutzung zeitlich begrenzt ist, sind die Anschaffungs- oder die Herstellungskosten um planmäßige Abschreibungen zu vermindern. Der Plan muss die Anschaffungs- oder Herstellungskosten auf die Geschäftsjahre verteilen, in denen der Vermögensgegenstand voraussichtlich genutzt werden kann. Ohne Rücksicht darauf, ob ihre Nutzung zeitlich begrenzt ist, sind bei Vermögensgegenständen des Anlagevermögens bei voraussichtlich dauernder Wertminderung außerplanmäßige Abschreibungen vorzunehmen, um diese mit dem niedrigeren Wert anzusetzen, der ihnen am Abschlussstichtag beizulegen ist. Bei Finanzanlagen können außerplanmäßige Abschreibungen

auch bei voraussichtlich nicht dauernder Wertminderung vorgenommen werden.

(4) Bei Vermögensgegenständen des Umlaufvermögens sind Abschreibungen vorzunehmen, um diese mit einem niedrigeren Wert anzusetzen, der sich aus einem Börsen- oder Marktpreis am Abschlussstichtag ergibt. Ist ein Börsen- oder Marktpreis nicht festzustellen und übersteigen die Anschaffungs- oder Herstellungskosten den Wert, der den Vermögensgegenständen am Abschlussstichtag beizulegen ist, so ist auf diesen Wert abzuschreiben.

(5) Ein niedrigerer Wertansatz nach Absatz 3 Satz 3 oder 4 und Absatz 4 darf nicht beibehalten werden, wenn die Gründe dafür nicht mehr bestehen. Ein niedrigerer Wertansatz eines entgeltlich erworbenen Geschäfts- oder Firmenwertes ist beizubehalten.

§ 254 Bildung von Bewertungseinheiten

Werden Vermögensgegenstände, Schulden, schwebende Geschäfte oder mit hoher Wahrscheinlichkeit erwartete Transaktionen zum Ausgleich gegenläufiger Wertänderungen oder Zahlungsströme aus dem Eintritt vergleichbarer Risiken mit Finanzinstrumenten zusammengefasst (Bewertungseinheit), sind § 249 Abs. 1, § 252 Abs. 1 Nr. 3 und 4, § 253 Abs. 1 Satz 1 und § 256a in dem Umfang und für den Zeitraum nicht anzuwenden, in dem die gegenläufigen Wertänderungen oder Zahlungsströme sich ausgleichen. Als Finanzinstrumente im Sinn des Satzes 1 gelten auch Termingeschäfte über den Erwerb oder die Veräußerung von Waren.

§ 255 Bewertungsmaßstäbe

(1) Anschaffungskosten sind die Aufwendungen, die geleistet werden, um einen Vermögensgegenstand zu erwerben und ihn in einen betriebsbereiten Zustand zu versetzen, soweit sie dem Vermögensgegenstand einzeln zugeordnet werden können. Zu den Anschaffungskosten gehören auch die Nebenkosten sowie die nachträglichen Anschaffungskosten. Anschaffungspreisminderungen sind abzusetzen.

(2) Herstellungskosten sind die Aufwendungen, die durch den Verbrauch von Gütern und die Inanspruchnahme von Diensten für die Herstellung eines Vermögensgegenstands, seine Erweiterung oder für eine über seinen ursprünglichen Zustand hinausgehende wesentliche Verbesserung entstehen. **Dazu gehören die Materialkosten, die Fertigungskosten und die Sonderkosten der Fertigung sowie angemessene Teile der Materialgemeinkosten, der Fertigungsgemeinkosten und des Werteverzehrs des Anlagevermögens, soweit dieser durch die Fertigung veranlasst ist. Bei der Berechnung der Herstellungskosten dürfen angemessene Teile der Kosten der allgemeinen Verwaltung sowie angemessene Aufwendungen für soziale Einrichtungen des Betriebs, für freiwillige soziale Leistungen und für die betriebliche Altersversorgung**

einbezogen werden, soweit diese auf den Zeitraum der Herstellung entfallen. Forschungs- und Vertriebskosten dürfen nicht einbezogen werden.

(2a) Herstellungskosten eines selbst geschaffenen immateriellen Vermögensgegenstands des Anlagevermögens sind die bei dessen Entwicklung anfallenden Aufwendungen nach Absatz 2. **Entwicklung ist die Anwendung von Forschungsergebnissen oder von anderem Wissen für die Neuentwicklung von Gütern oder Verfahren oder die Weiterentwicklung von Gütern oder Verfahren mittels wesentlicher Änderungen. Forschung ist die eigenständige und planmäßige Suche nach neuen wissenschaftlichen oder technischen Erkenntnissen oder Erfahrungen allgemeiner Art, über deren technische Verwertbarkeit und wirtschaftliche Erfolgsaussichten grundsätzlich keine Aussagen gemacht werden können. Können Forschung und Entwicklung nicht verlässlich voneinander unterschieden werden, ist eine Aktivierung ausgeschlossen.**

(3) Zinsen für Fremdkapital gehören nicht zu den Herstellungskosten. Zinsen für Fremdkapital, das zur Finanzierung der Herstellung eines Vermögensgegenstands verwendet wird, dürfen angesetzt werden, soweit sie auf den Zeitraum der Herstellung entfallen; in diesem Falle gelten sie als Herstellungskosten des Vermögensgegenstands.

(4) **Der beizulegende Zeitwert entspricht dem Marktpreis. Soweit kein aktiver Markt besteht, anhand dessen sich der Marktpreis ermitteln lässt, ist der beizulegende Zeitwert mit Hilfe allgemein anerkannter Bewertungsmethoden zu bestimmen. Lässt sich der beizulegende Zeitwert weder nach Satz 1 noch nach Satz 2 ermitteln, sind die Anschaffungs- oder Herstellungskosten gemäß § 253 Abs. 4 fortzuführen. Der zuletzt nach Satz 1 oder 2 ermittelte beizulegende Zeitwert gilt als Anschaffungs- oder Herstellungskosten im Sinn des Satzes 3.**

§ 256 Bewertungsvereinfachungsverfahren

Soweit es den Grundsätzen ordnungsmäßiger Buchführung entspricht, kann für den Wertansatz gleichartiger Vermögensgegenstände des Vorratsvermögens unterstellt werden, dass die zuerst oder dass die zuletzt angeschafften oder hergestellten Vermögensgegenstände zuerst **[oder in einer sonstigen bestimmten Folge]** verbraucht oder veräußert worden sind. § 240 Abs. 3 und 4 ist auch auf den Jahresabschluss anwendbar.

§ 256a Währungsumrechnung

Auf fremde Währung lautende Vermögensgegenstände und Verbindlichkeiten sind zum Devisenkassamittelkurs am Abschlussstichtag umzurechnen. Bei einer Restlaufzeit von einem Jahr oder weniger sind § 253 Abs. 1 Satz 1 und § 252 Abs. 1 Nr. 4 Halbsatz 2 nicht anzuwenden.

§ 266 Gliederung der Bilanz

(1) Die Bilanz ist in Kontenform aufzustellen. Dabei haben große und mittelgroße Kapitalgesellschaften (§ 267 Abs. 3, 2) auf der Aktivseite die in Absatz 2 und auf der Passivseite die in Absatz 3 bezeichneten Posten gesondert und in der vorgeschriebenen Reihenfolge auszuweisen. Kleine Kapitalgesellschaften (§ 267 Abs. 1) brauchen nur eine verkürzte Bilanz aufzustellen, in der nur die in den Absätzen 2 und 3 mit Buchstaben und römischen Zahlen bezeichneten Posten gesondert und in der vorgeschriebenen Reihenfolge aufgenommen werden.

(2) Aktivseite

    A. Anlagevermögen:
        I. Immaterielle Vermögensgegenstände:
            1. Selbst geschaffene gewerbliche Schutzrechte und ähnliche Rechte und Werte;
            2. entgeltlich erworbene Konzessionen, gewerbliche Schutzrechte und ähnliche Rechte und Werte sowie Lizenzen an solchen Rechten und Werten;
            3. Geschäfts- oder Firmenwert;
            4. geleistete Anzahlungen;
        II. Sachanlagen:
            1. Grundstücke, grundstücksgleiche Rechte und Bauten einschließlich der Bauten auf fremden Grundstücken;
            2. technische Anlagen und Maschinen;
            3. andere Anlagen, Betriebs- und Geschäftsausstattung;
            4. geleistete Anzahlungen und Anlagen im Bau;
        III. Finanzanlagen:
            1. Anteile an verbundenen Unternehmen;
            2. Ausleihungen an verbundenen Unternehmen;
            3. Beteiligungen;
            4. Ausleihungen an Unternehmen, mit denen ein Beteiligungsverhältnis besteht;
            5. Wertpapiere des Anlagevermögens;
            6. sonstige Ausleihungen.

    B. Umlaufvermögen:
        I. Vorräte:
            1. Roh-, Hilfs- und Betriebsstoffe;
            2. unfertige Erzeugnisse, unfertige Leistungen;
            3. fertige Erzeugnisse und Waren;
            4. geleistete Anzahlungen;
        II. Forderungen und sonstige Vermögensgegenstände:
            1. Forderungen aus Lieferungen und Leistungen;
            2. Forderungen gegen verbundene Unternehmen;
            3. Forderungen gegen Unternehmen, mit denen ein Beteiligungsverhältnis besteht;
            4. sonstige Vermögensgegenstände;
        III. Wertpapiere:
            1. Anteile an verbundenen Unternehmen;
            2. sonstige Wertpapiere; **(bisherige Nr. 2: „eigene Anteile" entfällt)**

IV. Kassenbestand, Bundesbankguthaben, Guthaben bei Kreditinstituten und Schecks.

C. Rechnungsabgrenzungsposten.

D. Aktive latente Steuern.

E. Aktiver Unterschiedsbetrag aus der Vermögensverrechnung.

(3) Passivseite

A. Eigenkapital:
    I. Gezeichnetes Kapital;
    II. Kapitalrücklage;
    III. Gewinnrücklagen:
        1. gesetzliche Rücklage;
        2. Rücklage für Anteile an einem herrschenden oder mehrheitlich beteiligten Unternehmen;
        3. satzungsmäßige Rücklagen;
        4. andere Gewinnrücklagen;
    IV. Gewinnvortrag / Verlustvortrag;
    V. Jahresüberschuss / Jahresfehlbetrag.

B. Rückstellungen:
    1. Rückstellungen für Pensionen und ähnliche Verpflichtungen;
    2. Steuerrückstellungen;
    3. sonstige Rückstellungen.

C. Verbindlichkeiten:
    1. Anleihen,
        davon konvertibel;
    2. Verbindlichkeiten gegenüber Kreditinstituten;
    3. erhaltene Anzahlungen auf Bestellungen;
    4. Verbindlichkeiten aus Lieferungen und Leistungen;
    5. Verbindlichkeiten aus der Annahme gezogener Wechsel und der Ausstellung eigener Wechsel;
    6. Verbindlichkeiten gegenüber verbundenen Unternehmen;
    7. Verbindlichkeiten gegenüber Unternehmen, mit denen ein Beteiligungsverhältnis besteht;
    8. sonstige Verbindlichkeiten,
        davon aus Steuern,
        davon im Rahmen der sozialen Sicherheit.

D. Rechnungsabgrenzungsposten.

E. Passive latente Steuern.

§ 267 Umschreibung der Größenklassen

(1) Kleine Kapitalgesellschaften sind solche, die mindestens zwei der drei nachstehenden Merkmale nicht überschreiten:

1. **4 840 000 Euro** Bilanzsumme nach Abzug eines auf der Aktivseite ausgewiesenen Fehlbetrags (§ 268 Abs. 3).
2. **9 680 000 Euro** Umsatzerlöse in den zwölf Monaten vor dem Abschlussstichtag.
3. Im Jahresdurchschnitt fünfzig Arbeitnehmer.

(2) Mittelgroße Kapitalgesellschaften sind solche, die mindestens zwei der drei in Absatz 1 bezeichneten Merkmale überschreiten und jeweils mindestens zwei der drei nachstehenden Merkmale nicht überschreiten:

1. **19 250 000 Euro** Bilanzsumme nach Abzug eines auf der Aktivseite ausgewiesenen Fehlbetrags (§ 268 Abs. 3).
2. **38 500 000 Euro** Umsatzerlöse in den zwölf Monaten vor dem Abschlussstichtag.
3. Im Jahresdurchschnitt zweihundertfünfzig Arbeitnehmer.

(3) Große Kapitalgesellschaften sind solche, die mindestens zwei der drei in Absatz 2 bezeichneten Merkmale überschreiten. **Eine Kapitalgesellschaft im Sinn des § 264d gilt stets als große.**

(4) Die Rechtsfolgen der Merkmale nach den Absätzen 1 bis 3 Satz 1 treten nur ein, wenn sie an den Abschlussstichtagen von zwei aufeinanderfolgenden Geschäftsjahren über- oder unterschritten werden. Im Falle der Umwandlung oder Neugründung treten die Rechtsfolgen schon ein, wenn die Voraussetzungen des Absatzes 1, 2 oder 3 am ersten Abschlussstichtag nach der Umwandlung oder Neugründung vorliegen.

(5) Als durchschnittliche Zahl der Arbeitnehmer gilt der vierte Teil der Summe aus den Zahlen der jeweils am 31. März, 30. Juni, 30. September und 31. Dezember beschäftigten Arbeitnehmer einschließlich der im Ausland beschäftigten Arbeitnehmer, jedoch ohne die zu ihrer Berufsausbildung Beschäftigten.

(6) Informations- und Auskunftsrechte der Arbeitnehmervertretungen nach anderen Gesetzen bleiben unberührt.

§ 274 Latente Steuern

(1) Bestehen zwischen den handelsrechtlichen Wertansätzen von Vermögensgegenständen, Schulden und Rechnungsabgrenzungsposten und ihren steuerlichen Wertansätzen Differenzen, die sich in späteren Geschäftsjahren voraussichtlich abbauen, so ist eine sich daraus insgesamt ergebende Steuerbelastung als passive latente Steuern (§ 266 Abs. 3 E.) in der Bilanz anzusetzen. Eine sich daraus insgesamt ergebende Steuerentlastung kann als aktive latente Steuern (§ 266 Abs. 2 D.) in der Bilanz angesetzt werden. Die sich ergebende Steuerbe- und die sich ergebende Steuerentlastung können auch unverrechnet angesetzt werden. Steuerliche Verlustvorträge sind bei der

Berechnung aktiver latenter Steuern in Höhe der innerhalb der nächsten fünf Jahre zu erwartenden Verlustverrechnung zu berücksichtigen.

(2) Die Beträge der sich ergebenden Steuerbe- und -entlastung sind mit den unternehmensindividuellen Steuersätzen im Zeitpunkt des Abbaus der Differenzen zu bewerten und nicht abzuzinsen. Die ausgewiesenen Posten sind aufzulösen, sobald die Steuerbe- oder -entlastung eintritt oder mit ihr nicht mehr zu rechnen ist. Der Aufwand oder Ertrag aus der Veränderung bilanzierter latenter Steuern ist in der Gewinn- und Verlustrechnung gesondert unter dem Posten "Steuern vom Einkommen und vom Ertrag" auszuweisen.

Literaturverzeichnis

Bücher und Seminarunterlagen

Debus, Andrea / Schmieszek, Hans-Petern, Bilanzrechtsmodernisierungs-gesetz, 1.Auflage, DATEV eG, Nürnberg, 2009

Eggert, Wolfgang, Seminarunterlage zum Dialogseminar online „Latente Steuern im Einzelabschluss", 2009

Ernst & Young (Hrsg.), Steuer Check-up 2010, Haufe-Verlag, Freiburg i. Brsg., 2009

Hahn, Klaus, BilMoG kompakt, HDS-Verlag, Weil im Schönbuch, 2009

Lehwald, Klaus-Jürgen, Arbeitsunterlage zum Seminar „Praxishinweise zum Bilanz-rechtsmodernisierungsgesetz", Steuerberaterinstitut Sachsen, Dresden, 2009

Petersen, Karl / Zwirner, Christian, BilMoG – Das neue Bilanzrecht, Verlag C.H. Beck, München, 2009

Pollanz, Manfred, Arbeitsunterlage zum Seminar „Die praktischen Auswirkungen auf die Rechnungslegung in KMU dargestellt anhand von Fallbeispielen", Steuerberaterkammer Sachsen, Dresden, 2009

Beiträge in Zeitschriften

Bolik, Andreas / Gageur, Patrick / Ortmann-Babel, Martina, Ausgewählte steuerliche Chancen und Risiken des BilMoG, in DStR 19-20/2009, S. 934 – 938

Brinkmann, R. / Bertram, K. / Kessler, H. / Müller, S., BilMoG: Änderungen in der Rechnungslegung, in StWK Nr. 9 vom 15.05.2009, Gruppe 3, S. 223

Geyer, Stefan, Wissen extra-CD „Bilanzrechtsmodernisierungsgesetz" von DATEV, Art.-Nr. 36 854

Hickethier, Eberhardt, Auswirkung auf Bilanzanalyse und Insolvenzpraxis: Bilanz-rechtsmodernisierungsgesetz und Unternehmenskrise, in NWB 20/2009, S. 1502 – 1511

Jeske, Kerstin, Möglichkeiten zur Bilanzbereinigung: Bilanzierung von Pensions-verpflichtungen nach BilMoG, in NWB 19/2009, S. 1404 – 1413

Kaminski, Bert, Änderungen und Verabschiedung des BilMoG – Anmerkungen aus steuerlicher Sicht, in Stbg 5/2009, S. 197 – 207

Kirsch, Hanno, Positionierung des HGB-Jahresabschlusses nach dem Bilanzrechtsmodernisierungsgesetz im Verhältnis zur Steuerbilanz, in Stbg 7/09, S. 320 – 328

Meyer, Claus, Rechnungslegung: Bilanzrechtsmodernisierungsgesetz – die Änderungen im Rechtsausschuss, in DStR 13/2009, S. XIII – XV

Oser, Peter, Das modernisierte Bilanzrecht, in DATEV-Magazin 3/2009, S. 35 – 38

Rademacher-Gottwald, C., BilMoG: Mit dem Steuerberater zu klärende Themen, in StWK Nr. 14 vom 31.7.2009, Gruppe 3, S. 33 – 38

Renger, Stefan, Bilanzrechtsmodernisierungsgesetz (BilMoG) – Lexikon des Steuerrechts, im Themenlexikon vom 01.04.2009, LEXinform Steuern und Recht, Dokument: 0631117

Rouven, Friederich / Wittmann, Markus, Die Auswirkungen des Bilanzrechtsmodernisierungsgesetzes (BilMoG) auf die Lageberichterstattung, in Stbg 2/09, S. 68 – 70

Smieszek, Hans-Peter, Überblick zum Bilanzrechtsmodernisierungsgesetz (BilMoG), in LEXinform aktuell 2009 Nr. 16/2009 vom 17.04.2009, S. 10 – 12

Theile, Carsten, Der neue Jahresabschluss nach dem BilMoG, in DStR 2009 Beilage zu Heft 18 vom 02.05.2009, S. 21 – 36

Zwirner, Christian, Auswirkungen des BilMoG auf die Rechnungslegung: Überblick über die größte deutsche Bilanzrechtsreform der letzten 25 Jahre, in Stbg 6/09, S. 273 – 282

Stellungnahmen:

- Stellungnahme des Bundesverbands der Deutschen Industrie und des Deutschen Industrie- und Handelskammertags zum Gesetzentwurf der Bundesregierung für ein Gesetz zur Modernisierung des Bilanzrechts (Bilanzrechtsmodernisierungsgesetz – BilMoG), BR-Drs. 344/08

Gesetzesmaterialien:

- BR-Drucksache 270/09: Gesetzesbeschluss des Deutschen Bundestages. Gesetz zur Modernisierung des Bilanzrechts (Bilanzrechtsmodernisierungsgesetz – BilMoG) vom 27.03.2009, in http://www.bmj.bund.de/files/-/3551/gesetzesbeschluss_bilmog.pdf

- BT-Drucksache 16/12407: Beschlussempfehlung des Rechtsausschusses zum Entwurf eines Gesetzes zur Modernisierung des Bilanzrechts (Bilanzrechtsmodernisierungsgesetzes – BilMoG) vom 18.03.2009, in LEXinform Steuern und Recht, Dokument: 0603680

- Bundesministerium der Justiz: Neues Bilanzrecht: Milliardenentlastung für den deutschen Mittelstand beschlossen, Pressemitteilung vom 27.03.2009, in LEXinform aktuell 2009 Heft 14/2009, S. 9 – 13